To Lanzhou
Golmud
To Koko Nor Lake
Quinghai (Amdo)
(2 hrs. 10 m.)
Chumar
To Xining
Yang Tzu
Jinsha Jiong
Flight Path
G
BASUDAN
ULA
Tang La
5180
6096
Dza (Mekong)
Sichuan
Nyakamor La
(4950)
Amdo
Amdo Tsonak
Tso
Derge
Jomda
To Chengdu
Riwoqe
Nagqu
Nag (Salween)
Chamdo
Dzer
4625
Dza
To Chengdu
Tso
Sung
Flight Path
(2hrs 50m.)
NGLHA
7088
Damxung
Yidrong
Baxoi
(Mekong)
n
Gangbogyamda
GYALA PERI
7151
Bomi
Lhasa R.
Gyamda
NAMCHA BARWA
7756
Ngul
Rawu
Nyingchi
LHASA
Chusul
Tsangpo (Brahmaputra)
(Salween)
Gyatsa
Gonggar
Tsedang
e
Yamdrok Tso
Zayu
Pomo Tso
Chayul
Lhuntse
by
China
Cona
Claimed
Y
A
BRAHMAPUTRA R.
PU
Boundary
UTAN
BURMA

Georg Kirner

Mein Tibet

Georg Kirner

Mein Tibet

Mit einem Vorwort von
Heinz Sielmann

Mit 110 farbigen
Abbildungen

Herbig

Mit dem Fahrrad auf dem Dach der Welt

Umschlag: Wolfgang Heinzel
Umschlagfoto: Georg Kirner
Layout und Herstellung: Andrea Cobré
Satz: Concept GmbH, Höchberg bei Würzburg
Gesetzt aus 10'/14' Americana
Reproduktionen: reproteam Siefert, Ulm
Druck und Binden: May + Co., Darmstadt
Printed in Germany
ISBN 3-7766-1667-9

Für Dich, Renate, zur Silberhochzeit

Vorwort

Tibet ist auch für die erfahrensten Abenteurer ein Traumziel. Auch ich hoffe immer noch, daß ich auf meinen weltweiten »Expeditionen ins Tierreich« einmal dieses faszinierende Hochland mit seiner eigentümlichen Tier- und Pflanzenwelt und seinem außergewöhnlichen Volksstamm erleben kann.

Wovon andere nur träumen, ist für Georg Kirner Wirklichkeit geworden. Bei seiner ersten Alleindurchquerung mit dem Fahrrad hat er es geschafft, die Gebirgskette des Himalaja zum tibetischen Hochland zu überqueren.

Fast drei Monate lang war er in Tibet. Mit Zähigkeit, Improvisationstalent und mit einer jungenhaften Neugier glückte es ihm wie auf allen seinen Expeditionen, einen freundschaftlichen Kontakt zu den Tibetern zu erlangen, die ihm viel von ihrem immer noch geheimnisvollen Leben vermittelt haben.

Mit Bild und Text hat er seine Beobachtungen von dieser Expedition zusammengetragen. Es ist ein Buch geworden, das auf vielfache Art Begeisterung und Anregung weckt.

München,
im Februar 1991

Eine illustrierte Zeitung, die ein schmuggelnder Tourist in unsere Almhütte im deutsch-österreichischen Grenzgebiet mitgebracht hatte, war der Zündfunke, der meine Phantasie und meine Abenteuerlust einst in Richtung Ostasien entfachte. Der bayerisch-tirolerische Grenzgänger »bezahlte« mit dieser Zeitung sein Nachtlager im Heu der Hütte, in der meine Großmutter und ich den Sommer über hausten und ein paar Mark mit Viehhüten dazu verdienten, da es für meine Eltern unmöglich war, mich das ganze Jahr durchzufüttern.

Diese alte Aufnahme, die 1936 von der Schäfer-Expedition gemacht wurde, zeigt den Potala und das damals noch vorhandene Ost-Tor von Lhasa.

Den Bericht über die Eroberung des Ostens von Tibet durch die Chinesen und die erste Flucht des Dalai Lama aus Lhasa las ich als 16jähriger Almhirt wie einen Karl May-Roman. Nepal und Tibet, das »Dach der Welt«, sollten von da an meine unverrückbaren Ziele werden. Sie waren geboren aus dem Verlangen und dem Traum, so viel wie möglich von der weiten Welt zu sehen, die hinter den Berggipfeln lockte, die mir vorerst aber verschlossen blieb.

Als es dann soweit war, hatte ich ein Leben hinter mich gebracht, das geprägt war von rund 35 Jahren Beruf einerseits, aber auch von mehr als zwei Dutzend Abenteuer-Reisen und Allein-Expeditionen in alle Kontinente der Erde, von der eisstarrenden Arktis und Antarktis bis in die Urwälder und Tropen, wo Feuchtigkeit und Hitze den Körper zerfließen lassen. In Grönland ist ein Berggipfel nach mir benannt, in Neuguinea haben die Kopfjäger Blutsbrüderschaft mit mir geschlossen. Nie werde ich das Jahr 1974 vergessen, als ich von Prof. Heinrich Harrer eine Empfehlung für eine Audienz bei dem seit September 1959 im indischen Exil lebenden Dalai Lama erhielt. In Dharamsala lernte ich den obersten Priester und zugleich politischen Chef der Tibeter als einen Mann von unendlicher Weisheit, Ausstrahlung und in sich gekehrter Ruhe kennen. Niemand kann sich der Atmosphäre dieser tief vergeistigten Kultur, der Lebensweise ihrer Menschen und dem Zauber ihres Heimatlandes entziehen, was ich auf einigen Expeditionen zuvor schon ein wenig kennenlernen durfte. Es nimmt einen so gefangen, daß man sich nicht wundert, warum so viele, die von unserer Zivilisation enttäuscht sind und »aussteigen« wollen, dort Zuflucht suchen; wie sollte es anders sein, ein paar Faule und Feige sind auch darunter.

Eine Montage von mir: Der Dalai Lama und der Potala, wie ich ihn vor meinem geistigen Auge hatte, als ich ihm in Indien vorgestellt wurde.

Der absolute Glaube an den Dalai Lama, in der Landessprache »Yischi Norbu«, d.h. der »wunscherfüllende Edelstein«, genannt, veranlaßte etwa 100 000 Tibeter 1959 mit ihrem Gottkönig nach Indien zu fliehen. Auch von der ersten Flucht des Dalai Lama 1951 aus Lhasa, über die ich schon damals auf der Alm in dem eindrucksvollen Bericht in der Zeitung jenes Schmugglers lesen konnte, sollte ich jetzt mehr erfahren.

Ein Kreis hatte sich für mich geschlossen. Von da an beschäftigte ich mich noch intensiver mit dem Land Tibet. Ich suchte Gespräche mit emigrierten Lamas, sammelte Informationen über Land und Leute, über ihre Kultur und Kunst.

Die Route, ein alter Handelsweg von Südwesten nach Nordosten, der durch Lhasa führte, stand in meinem Kopf längst fest. Immer mehr kristallisierte sich heraus, daß ich das Land am ehesten durch direkten Kontakt mit der Bevölkerung, d.h. durch Alleinreisen mit landesüblichen Mitteln, kennenlernen konnte, da die heutigen Machthaber überall ihre Kontrollen ausüben. Vor allem hieß dies, keine der organisierten, kontrollierten und auch teueren Gruppen-Reisen mitzumachen.

Allerdings hätte das Fortkommen auf landesübliche Art ein Pferd oder Yak bedeutet. Das Fahrrad war mir da schon viel lieber. Außerdem kam mir dabei die Erfahrung meiner Tour durch Südamerika zugute, auf der ich im Winter 1985/86 die Anden in Ost/West-Richtung überquerte. Auf insgesamt 4000 Kilometer hatte ich mir und dem Fahrrad das Letzte abverlangen müssen.

Freilich, viel Zeit konnte ich mir nicht mehr lassen – immerhin hatte ich den Fünfziger bereits auf dem Buckel. Eine derartige Tour über wiederum Tausende von Kilometern, bei denen jeder Meter durch die Kraft des eigenen Körpers bewältigt werden mußte, die eisige, dünne Luft auf Pässen mit über 5000 Meter Höhe, ungesicherte und mangelhafte Ernährung und Hygiene, die unzumutbaren Wege und Pfade durch Sand, Wasserläufe, über Steine und Felsbrocken – dies alles verlangte ein besonders stabiles Rad und von mir eine stabile Kondition, die eines 25jährigen Hochleistungssportlers einschließlich der Energie und Zähigkeit eines Wolfes.

Das Ziel vor Augen, trainierte ich sehr hart. Die letzte Gewißheit über meine körperliche Verfassung holte ich bei zwei Radtouren von München nach Venedig in je zwei Tagen. Die Gepäcktaschen füllte ich mit großen Steinen, die etwa 45 Kilogramm, das Gewicht des späteren Gepäcks, hatten. An den Grenzen fast jedesmal die gleiche Szene: Der Zöllner fühlte sich, wenn nicht verschaukelt, so doch verunsichert ob der Steine und der Begründung dafür. Er nahm sie einzeln in die Hand und suchte nach einem geheimen Verschluß, weil er sie für getarnte, mit Hasch oder Schmuck gefüllte Gefäße hielt. Weil er derartiges nicht finden konnte, meiner Auskunft aber genausowenig glaubte, schüttelte er schließlich den Kopf, murmelte etwas von »Verrücktem« und ließ mich weiterradeln.

»Die Götter mögen dich beschützen, Fremder. Wir werden für dich beten, daß du dein Ziel erreichst«, sagte der junge Mönch, dann segnete er mich und mein Fahrrad, als ich in der Stupa Swayambunath eintraf. ▶

Mit einem Flugzeug der »Inshallah-Airline« landete ich am 1. Mai 1987, über Neu Delhi kommend, in der nepalesischen Hauptstadt Kathmandu. Da ich diese Stadt schon von früheren Reisen her kannte, startete ich gleich am nächsten Morgen in Richtung chinesische Grenze. In der majestätischen Stupa Swayambunath, der Welt größter Tempelanlage, schauten einige betende Mönche verwundert auf mich. Als sie sich meinen Reiseplan anhörten, sprachen sie einige Gebete über mich und mein schwerbeladenes Fahrrad.

Auf der gut ausgebauten Straße ging es über Bhadgaon entlang des Sun Kosi-Flusses in den etwa 109 Kilometer entfernten Grenzort Kodari. Ich fuhr durch eine abwechslungsreiche Landschaft, und die freundlichen Nepali riefen mir ihren Gruß »Namasté« zu. Mit bescheidenster Technik hatten sie ihre Häuser und Felder hoch oben an den Berghängen angelegt.

Skeptisch betrachteten die Leute mein vollbepacktes Fahrrad und waren erstaunt über mein Reiseziel. Mit einem »Namasté« wünschten sie mir alles Gute.

»CHINESE BORDER«: Nur noch 109 Kilometer bis Tibet. Bis sich mein Jugendtraum erfüllen sollte, mußte ich noch einige Hürden überwinden.

Es regnete. In Tatopani (»heißes Wasser«) goß es so heftig, daß ich mich zur Nacht in eine völlig heruntergekommene Spelunke flüchtete. Zum Schrecken der Wirtsleute nahm ich mein Rad mit auf das sogenannte Zimmer, in dem bereits ein Dutzend übelriechender Gestalten kampierte. Im Laufe der Nacht drängten immer mehr Menschen in das stockdunkle Verlies; die Luft hing wie ein feuchter, alter Lumpen im Raum und der Sauerstoff zum Atmen schien fast aufgebraucht. Einem Alptraum gleich fühlte ich mich um Jahre zurückversetzt auf die Alm, an deren Tür bei schlechtem Wetter auch immer wieder durchnäßte oder verirrte Wanderer oder Schmuggler klopften und Unterschlupf suchten. Dennoch – ich war nur noch zehn Kilometer von der Grenze nach Tibet, dem so lange unerfüllbaren Jugendtraum entfernt! Und wie hatte ich das geschafft? Sich nicht zuviel zumuten, aber auch sich nicht zuwenig zutrauen, heißt bis zum heutigen Tage mein Leitspruch...

Wie bedauerte ich, daß meine Großmutter und meine Eltern nicht mehr leben, ich ihnen keine Karte schreiben und nichts von dem bewundernswerten Völkchen der Tibeter erzählen kann. Von diesem wohl geheimnisvollsten Fleck auf der Welt, der sich und seine Menschen durch seine Weite, die große Höhe, das trockene Klima, beißende nächtliche Kälte, die stechende Sonne, durch Wind-, Sand- und Schneestürme stets gegen Fremde zur Wehr gesetzt hat. Jeder Eindringling, der sich auf das »Dach der Welt« setzen wollte, hat bis jetzt, ungeachtet der Besetzung durch rotchinesische Truppen und Eingliederung in das chinesische Territorium im Jahre 1951, bei ihnen stets auf Granit gebissen. Der erste Europäer, der bis Tibet vordrang, soll 1624 Pater Antonio de Andrade, ein portugiesischer Jesuit, gewesen sein, der spurlos verschwand.

Als ich die letzten Kilometer die Paßstraße nach Kodari hinauftrat, zeitweise hinaufschob, sah ich mich in Gedanken bereits in Shigatse, der Endstation von Sven Hedin. Im Geiste umrundete ich schon den Pilgerweg Lingkor in Lhasa. Mein Zelt würde am Fuße des Potala stehen. Ein Wolkenschleier, der zerriß und den Blick auf den steilen Hang mit den Häusern von Zhangmu (nepalesisch: Khasa) freigab, holte mich in die Wirklichkeit zurück. Zhangmu liegt bereits in Tibet, aber davor kommt noch die Grenze...

»Werden wir gleich haben«, sagte ich mir und schob mein Rad nach der nepalesischen Grenzabfertigung über die »Freundschaftsbrücke« zum tibetischen Übergang. Aber hier kam mein Zeitplan durcheinander, denn der chinesische Grenzbeamte akzeptierte zwar mein Visum, forderte aber zusätzlich von mir eine Fahrerlaubnis für mein Rad. Eine staatliche Vorschrift besagt, so

Auf dem letzten Kilometer der Paßstraße nach Kodari.

erklärte er mir, daß nur solche Radfahrer sich im Land bewegen dürfen, die eine in Peking ausgestellte offizielle Erlaubnis vorweisen können. Aber genau die hatte ich nicht, denn sie wird für Fremde, die sich allein in Tibet bewegen wollen, nicht ausgestellt. Auf diese Weise versucht China, unkontrollierte Bewegungen Fremder im Lande zu unterbinden. Trotz der jetzt schon knapp vier Jahrzehnte zurückliegenden Annexion Tibets finden sich dessen Bewohner immer noch nicht damit ab und halten mit Unterstützung durch Lama-Priester den Unabhängigkeitsgedanken hoch. Wenige Monate nach meiner Tour sollte es, wie bekannt, zu dem Aufstand kommen, der viele Menschenleben forderte. Seitdem ist es nur noch wenigen Gruppenreisen gestattet, auf genau vorgeschriebenen Routen mit chinesischer Begleitung durchs Land zu fahren.

Dem Verbot, mit meinem fahrbaren Untersatz ins Land einzureisen, verlieh ein zweiter Grenzpolizist sichtbaren Nachdruck, als er eine rote Plastikkordel um den Hinterreifen und Rahmen meines Fahrrades wickelte und sie mit einer Zange verplombte.

Was jetzt? Sollte hier meine Tour enden, bevor sie recht angefangen hatte? Nicht für den Kirner Schorsch, sagte ich verbissen zu mir. Vielleicht konnte mir ein kleiner Trick helfen? Immerhin besaß ich ein Visum für Tibet, das allerdings nicht vom offiziellen China ausgestellt war. »This bicycle is not good in China«, hatte der Bursche stereotyp wiederholt und mir zu allem Überfluß den Raum gezeigt, in dem eine ganze Menge beschlagnahmter europäischer Fahrräder lagerte. Mit großer Mühe brachte ich ihn davon ab, meines dazuzustellen. Süßsauer lächelnd forderte er mich auf: »You go back to Nepal!« Ohne ein weiteres Wort zu verlieren, setzte er sich auf eine Bank vor

»Stopp, du Verrückter. Stehenbleiben, siehst du denn nicht, daß du am Zollamt vorbeifährst«, so schimpften die Männer. Ich dachte, es wäre nur ein Stall, und erkannte nicht, daß es sich um das Ausreisezollamt von Nepal handelte. ▶▶

अध्यागमन शाखा कोदारी
सिन्धुपाल्चोक
HIS MAJESTY'S GOVERNMENT
IMMIGRATION SECTION KODARI
SINDHUPALCHOK
CENTURION

der Station. Ich ließ mich gegenüber nieder, und beide starrten wir uns stumm an.

Eine Gruppe nepalesischer und tibetischer Männer beobachtete die Szene amüsiert. Sie waren dabei, aus einem tibetischen Dorf oberhalb der Grenzstation das Ladegut von sechs Lastkraftwagen, die in einem Erdrutsch steckengeblieben waren, zu holen. Die Männer freuten sich sehr über die unterbrochene Straße, weil jetzt ihre Arbeitskraft wieder gebraucht wurde. Die Straße konnte für sie ruhig noch länger für Fahrzeuge unpassierbar bleiben!

Plötzlich forderte mich der Grenzer auf, die Toilette hinter dem Haus aufzusuchen. Woher diese plötzliche Freundlichkeit? Nach weiteren Aufforderungen machte ich mich auf, gefolgt von dem Beamten. Jetzt deutete er auf meine Armbanduhr und dann auf mein Fahrrad, was bedeuten sollte, daß er mich mit dem Rad ziehen ließ, wenn ich ihm die Uhr schenkte. Ich überlegte nicht lange und entschloß mich schweren Herzens zu dem Handel. Ich gab ihm die Uhr und ging zum Fahrrad zurück. Da sah ich, daß ein zweiter Grenzer, anstatt die rote Plastikschnur am Hinterrad zu entfernen, nur den Sitz der Plombe überprüfte und probierte, ob die rote Schnur auch fest saß. Verstohlen machte ich den einen, dem ich die Uhr geschenkt hatte, auf sein Versprechen aufmerksam. Der grinste nur hämisch und gab zu verstehen, er habe mir nur zugesagt, daß ich mit dem Fahrrad nach Tibet einreisen dürfe. Daß ich damit auch fahren könne, sei nicht vereinbart worden.

Unter fürchterlichen, nicht ganz stubenreinen bayerischen Flüchen schulterte ich, begleitet von schallendem Gelächter der Herumstehenden, mein Rad, das zusammen mit Gepäck mehr als 50 kg schwer war, und stapfte im strömenden Re-

Für einen Moment brach eine Welt für mich zusammen, als der chinesische Zöllner mein Fahrrad verplombte, da ich keine Fahrradgenehmigung hatte.

gen davon. »So kannst du leicht bis Lhasa ziehen«, war der höhnische Abschiedsgruß des heimtückischen Zöllners, »aber trau dich ja nicht, die Plombe zu entfernen!« Unter breitem Lächeln wünschte ich ihm die Krätze an den Hals.

Wütend trottete ich von dannen und war bald außer Sichtweite der Station. Zunächst achtete ich nicht auf die Handbewegungen und die leisen Zurufe von neben der Straße gehenden Tibetern. Ich mißtraute ihnen, weil ich eine neuerliche Falle vermutete. Zwei junge Männer machten jedoch einen vertrauenserweckenden Eindruck. Sie machten deutlich, daß sie gerne mein Fahrrad tragen würden, sich wegen der Chinesen aber nicht trauten. Sie lockten mich in eine windschiefe Hütte, in der drei recht finstere Gestalten um ein Feuer kauerten. Einen von ihnen glaubte ich an der Station gesehen zu haben, wie er meiner Verhandlung mit dem Zöllner zuhörte. Sie kannten da-

In dieser windschiefen Hütte blieb ich für eine Nacht bei meinen neu gewonnenen tibetischen Freunden, die mir eine »Genehmigung« ausstellten.

her mein Problem. Sie besahen sich die Plombe an meinem Rad und diskutierten laut, vermutlich darüber, wie sie diese ohne Beschädigung entfernen konnten. »Chinese no good«, brummte einer fortwährend.

Mit Händen und Füßen versuchte ich ihnen klarzumachen, daß ich nach Lhasa wollte, aber wenig Hoffnung hatte. Zum Potala, der Palastburg des Dalai Lama, wollte ich, nach Shigatse und auch nach Gyantse. Als einer der Männer einen brennenden Ast aus dem Feuer holte und damit einen kleinen Hausaltar beleuchtete, auf dem Bilder vom Potala und dem Dalai Lama zu sehen waren, zog ich aus meiner Fototasche ein Foto, auf dem ich mit dem Dalai Lama abgebildet bin und von dem ich eine ganze Menge Abzüge mitgenommen hatte. Die Männer nahmen es ehrfürchtig in die Hand, berührten es mit der Stirn und murmelten ein paar Gebete. Jetzt bedeuteten sie mir, ich solle mir wegen des verplombten Rades keine Sorgen machen, sie fänden schon einen Weg.

An Stöcken über dem Feuer trockneten die Männer meine nassen Kleider. Im Grunde hätte ich beruhigt sein können. Dennoch traute ich dem Frieden nicht recht, und meine Begeisterung für das ganze Unternehmen war nach diesem mißlichen ersten Tag stark abgekühlt. Nach einer unruhigen Nacht stupsten mich die Männer beim ersten Morgengrauen an und forderten mich auf, zusammenzupacken und ihnen zu folgen. Ohne weiter nachzudenken, trat ich vor die Hütte. Die Männer hatten schon einige Stricke in der Hand, banden Schlingen um Rad und Gepäck, um es tragen zu können.

Über dichtbewachsenes, sehr steiles und rutschiges Gelände stiegen sie nun vor mir in die Höhe. Direkt neben dem Pfad hörte ich immer

wieder Muren niedergehen, die weiter unten die Fahrstraße immer mehr verschütteten und unpassierbar machten. Wie in früheren Zeiten wurde die Versorgung im Pendelverkehr durch Träger aufrechterhalten. Obwohl die Männer mit unbändiger Zähigkeit mein Fahrrad und Gepäck schleppten, hatte sich mein Mißtrauen noch nicht ganz gelegt.

Zwei von ihnen gingen jetzt voraus, um zu prüfen, ob die Luft von Chinesen rein sei. Ich war froh, daß ich mich ohne schwere Last auf dem glitschigen Boden fortbewegen konnte.

Wie waschechte Trapper schlichen wir uns so dicht an schlafenden chinesischen Kontrollposten vorbei, daß wir sie im Schein der Stations-Petroleumlampe am Boden liegen sehen konnten. In sicherer Entfernung hielten die Männer an. Einer von ihnen zog ein Messer hervor, schnitt die Plombe ab und gab sie mir. Als die Männer sa-

◀ *Heimlich trugen meine Freunde das Rad und Gepäck auf einem schwierigen Pfad um den ersten Kontrollposten herum.*

Einer von ihnen schnitt einfach die Plombe ab! Mir blieb fast das Herz stehen.

hen, wie erschrocken ich darüber war, beruhigten sie mich und gaben mir zu verstehen, daß ich jetzt unbesorgt bis Lhasa fahren könnte. Auf der Karte zeigten sie mir noch, wo weitere Kontrollposten anzutreffen seien. Dann gaben sie mir einen Zettel mit nicht zu entziffernden Schriftzeichen, den ich in jedem Tibeterdorf vorzeigen sollte. Dann würde mir schon weitergeholfen. Die vier schüttelten mir die Hand, sagten »Taschi Dellek« (»Glück und Segen«) und verschwanden lautlos im Dickicht. Der letzte von ihnen gab mir noch zu verstehen, ich solle auf dem Rückweg wieder bei ihnen vorbeikommen, dann würden sie die Sache mit der Plombe wieder in Ordnung bringen...

Mutterseelenallein stand ich jetzt da und hatte keine Ahnung, wie es weitergehen sollte. Außerdem nagten in mir immer noch Zweifel, ob die vier Helfer in Wirklichkeit nicht doch chinesische Spitzel seien. Ich erwog sogar kurz, zu der Grenzstation zurückzugehen und die Plombe als verloren zu melden, auch wenn ich dann vermutlich ins Gefängnis kommen sollte.

Nun, die Plombe war weg, und vor mir erstreckte sich eine Straße. Nun fahr schon los, befahl ich mir schließlich, irgendwie wird's schon weitergehen!

Nyalam, mein nächstes anvisiertes Ziel, lag 35 Kilometer entfernt und 3750 Meter hoch. Ich befand mich im Moment auf etwa 2500 Meter Höhe, konnte daher mein Rad mehr schieben als darauf fahren. Beinahe mehr als die Strapaze machte mir meine Furcht zu schaffen, auf chinesische Miliz zu treffen. Vor jeder Kurve stieg ich ab und vergewisserte mich, ob sich kein Blauhemd näherte. Es hätte keine Möglichkeit gegeben, Häschern zu entrinnen. Die eine Seite des Weges säumten überhängende Felsen, die andere begleitete der reißende Fluß Sun Kosi. Vor lauter Angst

Als sich ein Lastwagen näherte, befürchtete ich schon, die Polizei würde mich verfolgen. Er transportierte aber nur Schafwolle von Lhasa nach Nepal. ▶

00743

sah ich kaum etwas von der großartigen landschaftlichen Schönheit, dem herrlich üppigen Pflanzenwuchs um mich herum mit den niedrigen Rhododendren, Wacholder, Zypressen, Bergkiefern und Bambus-Stauden.

Das Blut gefor mir fast in den Adern: Vom Tal herauf keuchte ein Lastkraftwagen – voll mit Soldaten. In meiner letzten Verzweiflung lehnte ich mein Fahrrad an einen Felsvorsprung und tat so, als beschäftigte ich mich mit der soeben abgerissenen Plombe. Die Aufregung war umsonst, das Vehikel qualmte an mir vorbei, von den in ihre Mäntel vermummten Soldaten nahm keiner Notiz von mir. Sie froren, während ich schwitzte vor Anstrengung und Angst.

Etwa 10 Kilometer vor Nyalam begann es plötzlich heftig zu schneien. Ich wußte nicht, wie spät es war, da ich ja keine Uhr mehr hatte. Es war einige Zeit nach Mittag, als ich mein Zelt aufbaute. Da ich aus Gewichtsgründen keinen Kocher dabei hatte und das herumliegende Holz zum Feuermachen zu naß war, verließ ich mich auf meine bei vielen Expeditionen erworbene Abhärtung, legte mich in den Schlafsack und rollte mich ohne Essen zusammen.

Es schneite immer fester, als ich beinahe aufgeweicht in Nyalam eintraf. Ein Lkw-Fahrer hatte mir unterwegs bestätigt, daß ich auf dem richtigen Weg nach Lhasa war. In Nyalam probierte ich dann erstmals den Zettel aus, den mir die vier Tibeter mitgegeben hatten: Vor einer Herberge zeigte ich sie einem alten Mann, der Autoreifen verbrannte und auf diesem Feuer Tee kochte. Der Alte freute sich und lachte, als er mich in seine Hütte führte. Er bewirtete mich mit Tee, der stark nach Autoreifen schmeckte, und bestand darauf, daß ich in seinem Haus die Nacht verbrachte.

Vor Nyalam wurde die Straße immer »staubfreier«. Diese Art von Hindernissen aber machte mir nichts aus, denn ich war auch darauf vorbereitet und endlich auf dem Weg nach Lhasa. ▶

Am anderen Morgen war er außer sich vor Glück, als ich ihm zum Abschied ein Bild vom Dalai Lama schenkte. Als er noch dringend darum bat, auf dem Zettel der Tibeter noch etwas dazuschreiben zu dürfen, hatte ich natürlich nichts dagegen. Später erfuhr ich, daß er geschrieben hatte, ich sei im Besitze weiterer Fotos vom Dalai Lama. Da wurde mir erst klar, warum mich die Leute, denen ich die Notiz zeigte, immer nach solch einem Foto fragten. Erst da war ich ganz sicher, daß die Zettelschreiber es gut meinten mit mir.

Als ich Nyalam hinter mich ließ, war ich ganz optimistisch. Doch als ich dann in der Ferne den Shisha Pangma, den einzigen Achttausender Tibets, in meiner Fahrtrichtung sah, wußte ich, daß ich den falschen Weg gewählt hatte. Also wieder umkehren! Es ärgerte mich fürchterlich, daß ich die tibetischen Wegweiser nicht lesen

Umkehren! Wie ärgerte ich mich, daß ich den Wegweiser nicht lesen konnte.

Dieses chinesische Verkehrszeichen sollte wohl andeuten, daß ein Paßaufstieg bevorstand.

Dieser junge Mann war unterwegs, um in irgendeinem Dorf eine Braut zu finden. Er wollte unbedingt sein Pferd gegen mein Fahrrad tauschen.

konnte. Kurz darauf fand ich den richtigen Weg. Plötzlich tauchten viele bunte Gebetsfahnen auf, die Landschaft veränderte sich. Die Karte zeigte mir, daß ich mich nun unmittelbar vor dem Höhlenkloster Milarepa befand. Es hat seinen Namen nach dem Gründer, einem Einsiedlermönch, der mehrere Höhlen im Himalaya bewohnt und sich nur von Brennesseln ernährt haben soll. Auf ihn geht eine Priesterdynastie zurück, die in der Mitte des 14. Jahrhunderts die religiöse und politische Vorherrschaft in Zentraltibet errang. So ist Milarepa bis heute eine Stätte, in die viele Pilger kommen und Glück und Segen erbitten.

Hinter Milarepa, wo ich Wasser und Käse bekam, wurde das Wetter endlich besser. Der immer größer werdende zeitliche und räumliche Abstand zu der chinesischen Grenzstation beruhigte mich allmählich. Entspannt konnte ich die Ein-

drücke von Land und Leuten auf mich einströmen lassen. Es war Mai, die Bauern – in Fellkleidung, die charakteristischen Mützen mit Ohrenklappen auf dem Kopf – bestellten ihre Äcker. Ich fühlte mich in die 50er Jahre nach Deutschland zurückversetzt beim Anblick der Männer, wie sie in knochenharter Arbeit den primitiven Holzpflug durch das Erdreich steuerten, den hier jedoch mit farbigen Yak-Schwänzen geschmückte Yak-Rinder zogen. Die Frauen, in schwarzen Röcken mit bunten Schürzen, gingen langsamen Schrittes hinter dem Pflug her und säten Gerstenkörner aus. Mit religiösen Liedern baten sie um Wachsen und Gedeihen.

Tibetische Bauern bestellten ihre kargen Felder. Es wird hauptsächlich Gerste angebaut, die durch die starke UV-Strahlung nur die Hälfte der Reifezeit von uns benötigt.

Ich setzte mich an den Straßenrand und betrachtete das Bild. So hatte ich mir Tibet stets vorgestellt. Kein fremder Laut störte den Frieden, und nichts deutete darauf hin, welche Unannehmlichkeiten die Tibeter auf sich nehmen, um einiger-

maßen ihrer uralten Tradition und Mentalität gemäß leben zu können.

Nicht die Bauern, sondern ihre Hunde entdeckten mich. Mit wütendem Gebell und zähnefletschend stürzten sie auf mich zu. Unter vielen Entschuldigungen riefen die Bauern sie zurück und luden mich ein, die Mittagspause bei ihnen zu verbringen. Da saß ich nun inmitten von rund 15 Tibetern nebst Frauen, Kindern und Hunden und wurde bewirtet wie ein alter Bekannter. Wir aßen das steinharte Fladenbrot Tschabatti, luftgetrocknetes Yak-Fleisch und tranken mit Yak-Butter angereicherten Tee. Seitdem die Chinesen den tibetischen Bauern wieder erlauben, auch für sich selbst zu produzieren, ist die große Hungersnot vorbei. Meine Wasserflaschen wurden bis zum Rand mit Tee gefüllt.

Mir gefiel es bei ihnen so gut, daß ich ihre Einladung, in einer ihrer Hütten über Nacht zu blei-

◀ *Die Frauen singen bei der Arbeit religiöse Lieder und bitten die Erdgeister um gute Ernte. Die eingefärbten Yak-Schwänze dienen als Glücksbringer. »Sag Yischi Norbu, daß wir auf ihn warten«, rief man mir immer wieder zu. Mit Yischi Norbu war der Dalai Lama gemeint.*

Buttertee und »Tsampa« (geröstetes Gerstenmehl) sind die Grundnahrungsmittel der Tibeter. Der »Bödscha«, der tibetische Tee, ist eine bouillonartige Brühe, die aus Tee, Yak-Butter und Soda hergestellt wird. Somit erhält der Körper das Wichtigste, was er in dem kräftezehrenden Hochgebirgsklima benötigt. Das Fett gibt die Kalorien, das Tein hat belebende Wirkung, und Soda bindet das Wasser im Körper.

ben, gerne annahm. Alle ihre Kinder scharten sich um mich und konnten sich nicht sattsehen an diesem seltenen Exemplar Kirner. Fasziniert »zoomten« sie durch den Sucher des Fotoapparates ihre Freunde heran und schoben sie weg. Am meisten interessierten sie sich allerdings für mein Fahrrad mit seiner Ballonhupe und den zwei Gepräckträgern. Wohl fünfzigmal mußte ich kleine Runden mit ihnen drehen. Zwei Monate später, als ich auf der Rückreise nochmals bei ihnen vorbeischaute, sollte das Staunen an mir sein: Mit einfachsten Mitteln hatten sie selbst ein Fahrrad gebaut...

Die Nacht in einer ziemlich verrauchten Hütte verbrachte ich unruhig. Am anderen Morgen gab es zum Frühstück eine Schale Yak-Buttertee mit undefinierbarem Käse. Dann zogen die Bauern wieder aufs Feld, und ich machte mich auf den Weg. Anhand des Höhenmessers konnte ich an den folgenden Tagen feststellen, daß Landwirt-

Immer wieder wurde ich zum Tee eingeladen, denn ein Fremder mit blonden Haaren und auf einem Fahrrad ist hier nicht alltäglich. Ich mußte ihnen versprechen, auf der Rückfahrt zu berichten, ob der Dalai Lama schon wieder im Potala ist, damit sie ihn besuchen könnten.

schaft in Tibet bis in 3500 Meter Höhe betrieben wird; die Baumgrenze liegt bei 4500 Meter. Entsprechend mager ist freilich die Ausbeute.

Die Gegend zwischen dem Kloster Milarepa und Tingri fand ich am typischsten für das ganze Land. Alle Kilometer steht an der Straße ein Stein, der die Entfernung bis Shigatse mit seiner berühmten Klosteranlage Tashi-Lhunpo angibt. Dann schob ich den ersten, 4800 Meter hohen Paß hinauf. Beim Kilometerstein 642 stand ich vor einer grandiosen Gebirgslandschaft. Unter den Sechs- bis Siebentausendern entdeckte ich in der klaren Luft auch die Gipfel des Mount Everest und des Cho Oyu. Mein Gott, war das ein Anblick! In meinen kühnsten Träumen hatte ich es mir nicht so vorgestellt. Plötzlich hatte ich Zeit, Zeit um ein wenig einzutauchen in die Atmosphäre von Land, Menschen und Kultur. Hier wurde das Erleben nicht von Zeitmessungen bestimmt, den Begriff

»Fremder, wo ist deine Heimat«, fragten mich die Kinder immer wieder. »Dort, wo die Sonne untergeht«, erklärte ich ihnen.

»Rekord« gab es hier nicht; ich konnte nur schauen und schauen, und das Gesehene in mich aufnehmen. Bei aller Vorfreude auf Lhasa beschlich mich indes immer wieder die Furcht, von den chinesischen Militärs aufgespürt und festgenommen zu werden.

Drei berittene tibetische Pilger hielten auf der Paßhöhe an, befestigten Gebetsfahnen an Stöcken und beteten. Als sie erfuhren, daß auch ich nach Lhasa wollte, hängten sie mir eine Glücksschleife um den Hals. Ihr Wunsch war, daß der Wind die auf die Fahnen gedruckten Gebete nach Lhasa vorausschickte und daß die guten Geister für eine gute Ankunft in der heiligen Stadt sorgten. Da ich selbst keine Gebetsfahne besaß, befestigte ich mein Maskottchen, das Münchner Kindl, an der Schnur mit den Tüchern und wünschte, der Wind möge Grüße von mir zu meiner Frau und zu meinen Freunden nach Deutschland tragen.

◀ *Auf der Straße nach Milarepa.*

Da ich keine Gebetsfahnen hatte, hinterließ ich als Ersatz das Wahrzeichen von München, das »Münchner Kindl«.

Ein typisch tibetisches Dorf am Fluß Gya-Chu. ▶

Auf einer dieser befestigten Straßen zu fahren war sehr angenehm, aber ich mußte dabei immer daran denken, wieviel Mühe und Schweiß der Bau dieser Straße »zur Erschließung Tibets« gekostet haben mußte. Mein Höhenmesser zeigte jetzt 4500 Meter, und in dieser dünnen Luft kostete allein die einfache Fortbewegung schon enorme Kraft. Tibet, als das »Dach der Welt« auf einem Hochplateau gelegen, maß als historisches Groß-Tibet bis zum Jahre 1800 rund zehn Millionen Quadrat-Kilometer (fünfmal so groß wie die Fläche der Bundesrepublik). Durch chinesische Annexionen war es bis 1914 auf die Hälfte zusammengeschrumpft und 1965 nochmal reduziert worden. Leider scheint sich die Prophezeiung eines tibetischen Mönches aus grauer Vorzeit zu erfüllen, der weissagte, mit dem Frieden im Lande werde es dann vorbei sein, wenn es Räder gebe, die sich auf der Erde bewegen. Tibet wurde dann

Auf den Flachdächern der Häuser wird im Sommer das Getreide getrocknet und im Winter Stroh gelagert, was eine zusätzliche Wärmedämmung gibt.

auch 1951 von den Chinesen besetzt, als die ersten größeren Straßen über das Hochplateau gebaut worden waren. Vorher hatte kein Fahrzeug das tibetische Hochplateau überqueren können. Es sollte dann sogar soweit kommen, daß der Dalai Lama Ende der 50er Jahre ins Exil flüchten mußte, für sein Volk das Schlimmste, was ihnen widerfahren konnte, da sie nun ohne ihr geistiges Oberhaupt sind. Um in das ersehnte Nirwana kommen zu können, brauchen sie den Dalai Lama, denn er ist der Mittler zu Gott.

Die Gegend von Tingri, wo ich mich jetzt befand, erlebte ich in etwa so, wie Sven Hedin sie 1907 bei seiner Expedition beschrieben hatte. Die Menschen wirkten tatsächlich glücklich. Sie leben vielmehr im Einklang mit der Natur, sind stark verinnerlicht und strahlen in der Sicherheit eines jahrhundertealten Glaubens eine uns völlig abhanden gekommene Ruhe, Ausgeglichenheit und Zufriedenheit aus. Beeindruckend auch der Zusammenhalt der Familien. Nirgends sah ich beiseitegeschobene kranke oder alte Familienmitglieder.

Nirgendwo auf meinen Expeditionen, die mich bis dahin in 119 Länder geführt hatten, stieß ich auf ein so in Armut lebendes, aber gleichzeitig so zufriedenes Völkchen wie die Tibeter. In ihrem Glauben an den Dalai Lama sind sie felsenfest von ihrer Wiedergeburt in einem besseren Leben überzeugt. Auch die ungefähr 3600 von den chinesischen Eindringlingen zerstörten Klöster werden daran nichts ändern. Rund 100 unter großen Entbehrungen wiederaufgebaute Stätten sind der beste Beweis dafür. In jeder Hütte, in der ich übernachtete, hörte ich beim Abschied am Morgen auf tibetisch: »Ishi Nurpu Poltala Ju Re«, d.h. »Schau, ob der Dalai Lama schon wieder im Potala ist«.

Der chinesische Einfluß und Druck war nicht zu übersehen. Einige Tibeter trugen bereits

die charakteristischen blauen Mao-Mützen mit dem roten Stern vorne darauf, und statt des Bildes des Dalai Lama hingen Bilder von kommunistischen Größen an den Wänden von öffentlichen Gebäuden. Eine Reihe von Feldern wurde bereits mit chinesischen Traktoren bearbeitet. Ich empfand dies als Entweihung einer reichen Kultur und Zerstörung eines fast überirdisch schönen Landschaftsbildes – überirdisch durch die Schnee- und Eisriesen, die, ein Gefühl von Ewigkeit vermittelnd, über den von fleißigen Menschen bebauten Feldern thronten. Legenden verwandeln sich hier zur Materie. So das geheimnisvolle Tal Shangri La (der Zugang dorthin soll unter dem Potala sein) mit seinen glasklaren Flüssen voller Edelsteine, wo es keine Widrigkeiten gebe.

Unter dem Eindruck dessen, was das Auge hier schaut, beginnt man jedoch unwillkürlich daran zu glauben.

Über den Paß von Nangpa-La wanderten die Sherpas vor ca. 600 Jahren von Tibet nach Nepal ein.

Bei Tingri im Transhimalaya. Links die höchste Erhebung, der Cho Oyu mit 8201 Metern. ▶

Cho Oyu 8201 m

Nangpai Gosum
7352 m
Nangpa-La

Auf meinem Weg weiter in Richtung Tingri mußte ich zunächst den über 5000 Meter hohen Paß Kargu-La bewältigen. Die Sonne brannte herunter. Niemand in den vorbeifahrenden Lkw nahm Notiz von meinen, bei jeder Begegnung vorgezeigten leeren Wasserflaschen, am wenigsten die Besatzungen der chinesischen Lkw, die den Berg herunterdonnerten. Etwa 500 Meter unterhalb der Paßhöhe hielt endlich einer, der den Paß heraufkam, an.

Die heimtückische, barsche Art des Grenzers steckte mir noch in den Gliedern, als ich die Uniformierten sah. Wie überrascht und dankbar war ich, als die Soldaten hier freundlich lächelnd meine Wasserflaschen füllten und mir obendrein noch Brot und eine Fleischkonserve schenkten. Respektvoll nickten sie mit dem Kopf, als einer nach dem anderen mein schweres Rad hob. Zu verlockend war ihr Angebot, es aufzuladen und mitzufahren.

Auf dem über 5000 Meter hohen Paß Kargu-La.

Kein Mensch war weit und breit zu sehen. Doch mein Wille, die Tour ausschließlich mit dem Fahrrad zu bewältigen, siegte schließlich über die müden Knochen und den Anblick der miserablen Straße. Die Soldaten konnten nicht wissen, welche Niederlage es für mich bedeutet hätte, wenn ich meinen Vorsätzen untreu geworden wäre. Sie verabschiedeten sich zwar freundlich mit »Ni-Hau« (»guten Tag«), waren aber sicher fassungslos ob so viel vermeintlicher Dummheit und Eigensinn.

Für meine Standhaftigkeit entschädigte ich mich mit einer »zünftigen« Brotzeit, in diesem Fall mit Konservenfleisch, Brot und Wasser. Eine Schweinshaxe und eine Maß Bier war das nicht, es gab auch keine schattigen, bayerischen Kastanienbäume, aber der Blick auf die überwältigende Landschaft hier oben entschädigte mich.

Den Lkw und den Jeep, die jetzt vom Tal herauf ächzten, nahm ich kaum zur Kenntnis. Zuviel Kontakt mit den Blauhemden konnte nur schädlich sein. Doch die Fahrzeuge bremsten neben meinem Rastplatz und hielten ruckartig. Heraus sprang ein »alter Bekannter« aus Deutschland, mit dem ich vor Jahren im Himalaya unterwegs gewesen und der mir nicht unbedingt freundlich gesinnt war. »Schorsch, bist du's?« Dann erzählte er mir, daß er ebenfalls mit dem Fahrrad Tibet durchqueren wollte, an der nepalesisch-tibetischen Grenze ihm aber ebenfalls das Fahrrad verplombt wurde. Auch er hätte sein gesperrtes Rad mitnehmen, jedoch nur tragen dürfen. Weil ihm kein anderer Ausweg einfiel, hatte er sich, zusammen mit anderen Leidensgenossen, einen Lkw und einen Jeep gemietet. Auf dem Lastkraftwagen lagen die verplombten Räder, die Männer fuhren im Jeep.

»Und wo hast du die Genehmigung her?« wollte der Sportsfreund wissen. Weil er reichlich neidisch dreinschaute, traute ich ihm nicht und schwindelte, ich hätte sie mir vor Wochen schon aus Peking besorgt. »Da hast du aber Glück gehabt«, meinten die Burschen in der Runde und fuhren weiter. »Uff«, sagte ich mir selber, »Schorsch, da hast du wirklich Glück gehabt.« Weiter oben zeigte es sich, daß ich nochmal Glück hatte. Der Militär-Lkw, der mich hatte mitnehmen wollen, stand da, neben ihm die Fahrzeuge der verhinderten Radler, und alle zusammen reparierten einen Schaden an dem Lkw der Soldaten. Wäre ich vorhin schwach geworden und hätte mich mitnehmen lassen, dann hätten die lieben Landsleute dies spätestens jetzt entdeckt. Wenn ich hinterher behauptet hätte, Tibet auf der Hintour ausschließlich mit dem Rad befahren zu haben, wäre ich als Lügner dagestanden, auch wenn es sich nur um einige wenige Kilometer gehandelt hätte. Die Sportsfreunde hätten schon für eine entsprechende Verbreitung gesorgt.

Eine zusätzliche Überraschung erlebte ich eine halbe Stunde weiter oben. Ein Omnibus stand mit kochendem Motor auf der Straße. Drinnen sah ich drei Bergsteigerfreunde, mit denen ich ein paar Monate zuvor am Mont Blanc unterwegs gewesen war. Auch sie wären jetzt Zeugen meines Wortbruches geworden, wenn ich...

Wie klein doch die Welt ist, mußte ich gleich nochmal feststellen. Vor Tingri hielt ich an und bewunderte im Abendlicht den von hier aus gut zu sehenden Mount Everest, den die Tibeter Chomolongma nennen. Hundert Meter vor mir parkten ein Lkw und ein Omnibus, zwischen den Fahrzeugen machte ich Europäer aus. Ich hielt mich bewußt abseits, fuhr bald weiter, aber die Leute hatten mich schon bemerkt. Zwei junge Burschen tauchten auf ihren Rädern plötzlich neben mir auf. Sie gehörten einer Gruppe Deutscher an, die nach Kathmandu geflogen waren, mit dem Bus und Lkw nach Lhasa reisten und jetzt mit den Rädern nach Kathmandu zurückfahren wollten. Wir stellten fest, daß wir eine ganze Menge gemeinsamer Bekannter in Deutschland haben. Sie erzählten von ihrer bis ins einzelne organisierten Tour, d.h. sie hatten einen Koch, Dolmetscher, Fahrer und Mechaniker dabei und außerdem ein Begleitfahrzeug, falls es Konditionsschwierigkeiten gäbe. Als Verpflegung hatten sie Köstliches dabei: Geräuchertes, Fleisch, Rotwein und Schwarzbrot. Wenn einem da nicht das Wasser im Mund zusammenlief! Ich blieb standhaft.

Zu was Vortäuschen von Leistung führen kann, sollte ich später erfahren. In einem der vorbeikommenden Busse, in denen ich immer wieder europäische Touristen bemerkte, saß ein junges Ehepaar, das es sich recht gemütlich gemacht hatte. Auf dem Dach waren ihre Fahrräder festgebunden. Als ich wieder in Deutschland war, las ich in verschiedenen Zeitungen von ihrer »außergewöhnlichen Leistung«. Als ich ihnen dazu gratulierte und bemerkte, daß ich sie im Bus gesehen hätte, schrieben sie etwas verlegen zurück, der Druckfehlerteufel habe ihren Artikel leider ein wenig verzerrt, und gaben dann zu, sie seien 400 von den 1000 Kilometern zwischen der Grenze und Lhasa mit dem Bus gefahren.

Kurz vor Tingri übernachtete ich, immer noch aus Vorsicht vor Kontrollen, etwas abseits der Straße in einem kleinen Dorf. Ich zeigte das Empfehlungsschreiben der vier Tibeter, das unter den Männern eine die halbe Nacht währende Diskussion hervorrief. Überschwenglich bedankten sie sich für die Dalai Lama-Bilder, die ich ihnen schenkte. Als sie sich morgens besonders für

Dies sind meine Freunde, die mein Rad und das schwere Gepäck durch ein trockenes Flußbett an einem Kontrollpunkt vorbeischmuggelten.

mein Fahrrad interessierten, vermutete ich schon wieder eine Falle. Es war das Gegenteil: Die Männer zeichneten die Straße nach Shigatse in den Sand, dann den Ort Tingri und den Platz mit dem chinesischen Kontrollposten. Dann banden sie mein Fahrrad und den größten Teil meines Gepäcks auf einen Yak und entfernten sich damit. Ich marschierte mit dem übrigen Gepäck auf der Straße weiter. Nach kurzer Zeit sah ich weder den Yak mit meinem Fahrrad noch die Männer. Dann entdeckte ich den chinesischen Kontrollposten, der mich schon – unheilvoll, wie mir dünkte – erwartete. Die Posten im Häuschen gaben sich aber recht freundlich; sie fanden auch meinen Paß in Ordnung, »empfahlen« mir aber mit Nachdruck, daß ich mit dem nächsten Bus oder Lkw weiterfahren müsse, da ich in dieser Gegend allein zu Fuß nicht weitergehen könne. Ich sollte hier auf ihn warten. Das könne allerdings auch länger dauern.

Wie sollte ich hier bloß herauskommen? Eigentlich konnte ich keinen Grund angeben, warum ich nicht auf den Bus warten wollte. Andererseits warteten die Tibeter aus dem Dorf längst irgendwo auf mich. Da erinnerte ich mich an die beiden Knoblauchknollen im Rucksack. Vielleicht helfen sie auch in diesem Falle, hoffte ich, und begann, die erste Zehe zu essen. Auch die zweite erzeugte noch keine Reaktion bei den Grenzern. Ich kaute also weitere Zehen, bis der aufdringliche Geruch den ganzen Raum erfüllte. Die Posten öffneten die Fenster und schnappten in immer kürzeren Abständen nach frischer Luft. Scheinheilig ging ich zum Schreibtisch und entschuldigte mich aus vollem Hals für den Duft. Schließlich konnten sie es nicht mehr aushalten und deuteten eindringlich an, ich sollte nur verschwinden und weit weg von der Station auf ein Fahrzeug warten.

Draußen tobte ein Sandsturm. Von den Männern und dem Yak war nichts zu sehen. Am Straßenrand kauerte ein einsamer Wanderer – offenbar auch so ein Verrückter wie ich, dachte ich. Der Mann wartete aber auf mich. Er war einer von denen, die mein Fahrrad und das große Gepäckstück transportiert hatten. Eine Weile später traf ich mit der Gruppe zusammen. Sie hatten ein metertief in die Erde eingeschnittenes, trockenes Flußbett seitlich der Straße benützt und konnten so den Kontrollpunkt unbemerkt umgehen. Als ich mich mit einem großzügigen Trinkgeld bedanken wollte, entfernten sie sich schnell mit »Taschi Dellek« in die Dunkelheit.

Auf der jetzt folgenden Wegstrecke bis Lhatse blieb ich ziemlich allein. Ich trat in die Pedale, schob bergauf und ließ es laufen, wenn's in dem steifen Gegenwind bergab ging. Nicht einmal Dörfer gab es hier, so mußte ich vor allem mit dem Wasser immer sparsamer umgehen. Wie froh war ich, wenn ich, selten genug, auf einen dünnen Wasserlauf stieß und meine Flaschen auffüllen konnte. Zwischendrin traf ich auf Bauern bei der Feldarbeit, die mich mit Mais, Hirse und Ziegeltee versorgten. Wollte ich die Lebensmittel bezahlen, lehnten sie es fast beleidigt ab. Sie deuteten zum Himmel und meinten mit Gesten, der große Gott da oben werde es schon recht machen. Außerordentlich dankbar waren sie aber, wenn ich ihnen ein Bild vom Dalai Lama schenkte.

Mit einem Mal war ich in Lhatse. Auch hier, wie sonst am Eingang der kleinen Orte, nicht einmal ein Schild oder irgendeine Kennzeichnung. Von hier fuhren, wie ich hörte, Lastwagen mit Pilgern in Richtung Kailasch, dem heiligen Berg.

Den Kailasch verehren die Hindus gleichermaßen wie die Hains, die Buddhisten und die Anhänger der schamaistischen Bön-Religion Ti-

Bauern bei der Feldarbeit. Hier konnte ich mich endlich wieder mit Proviant versorgen.

bets. An seinem Fuß entspringen der Indus, der Sutlej, der Karnali und der Brahmaputra, der als Tsangpo-Fluß Tibet von West nach Ost durchfließt. Einige Fachleute behaupten, daß der heilige Berg, der von keinem Menschen bestiegen werden darf, durch seine isolierte Lage und seine ebenmäßige Form zum Abbild des universellen Lingam (indisch: Schiwa) und damit zum Vorbild für indische Tempelbauten wurde.

Leider lag der Kailasch zu weit von meiner Route entfernt. So verzichtete ich schweren Herzens auf die Fahrt zum heiligsten Berg der Welt und radelte weiter in Richtung Shigatse. Beim Kilometerstein 377, direkt vor einer langen Brücke, zweigte bei Rendd eine Straße zum 27 Kilometer entfernten Kloster Sakya ab. Es war nach Milarepa das zweite tibetische Mönchsheiligtum auf meiner Tour. Die Mühe des Abstechers lohnte sich. Die wie ein Fort erbaute und von weitem sichtbare

Wie ein Fort wurde die spätere Klosteranlage Sakya gebaut.

Anlage ist für jeden, der nach Tibet fährt, ein Höhepunkt. Sie beherbergte einst die sogenannte Rotmützen-Sekte (kein Zölibat, die Amtsfolge zum Teil erblich), die zur Zeit des Dschingis Khan über Tibet herrschte.

Beim Eintreten schollen mir Mönchsgesang und der Ton eines Muschelhorns entgegen. Die riesigen Räume des Klosters sind mit uralten Wandgemälden, Thankas und Statuen von nicht zu beschreibender Schönheit geschmückt. Außerdem beherbergt die Anlage eine kostbare Bibliothek.

Ein bißchen schämte ich mich, als ich so verstaubt und mit verfilzten Haaren in diesem erhabenen Heiligtum stand. Fotografieren war in diesem Heiligtum strengstens verboten. Ich riskierte es trotz aller Versuchung nicht, denn man hatte mich informiert, daß als Mönch verkleidete Chinesen in den Räumen patroullierten, um zu verhin-

Das Kloster Sakya, 1073 gegründet, wurde während der Kulturrevolution nicht zerstört. Jahrhundertelang war es das geistige Machtzentrum Tibets. Das Wellblechgebäude im Hintergrund ist eine chinesische Kaserne.

dern, daß durch Fotografien die Existenz der Kultzeugnisse, die nach wie vor existieren und verehrt werden, verbreitet wird.

Auf meinem Rundgang durch den Ort mit seinem Kloster, von dem es heißt, entweder der damalige Außenminister Tschu En Lai habe den Truppen die Zerstörung verboten, oder es sei einfach vergessen worden, kam ich in ein kleines Wirtshaus. Es gab die sogenannten Momos, Rouladen aus hauchdünnem Teig, gefüllt mit kleingeschnittenem Fleisch und duftendem Gemüse. Sie schmeckten köstlich, nicht zuletzt, weil ich schon mehrere Tage nichts Habhaftes mehr gegessen hatte. Als ich dann unter alten Fellen und Lumpen noch einige Flaschen Bier entdeckte, bestellte ich mir gegen meine Gewohnheit eine. Sie zischte nur so in die ausgedörrte Kehle. Endlich einmal keinen Butter- oder Ziegeltee mehr! Sofort bestellte ich noch eine beim Wirt, der mit seinen strahlenden Zähnen den Kronkorken mit einem Ruck von der Öffnung biß.

Es fiel mir gerade noch auf, daß die Leute, die draußen an der Hütte vorbeigingen und durchs Fenster hereinschauten, sich auffallend amüsierten über den Fremden, der mit hastigen Zügen den Gerstensaft in sich hineintrank und dabei immer kleinere Äuglein bekam. Als ich aufstehen wollte, merkte ich, daß ich die Beine nicht mehr so recht unter Kontrolle hatte. Diese zwei Flaschen waren zuviel für jemanden, der seinem Körper soviel abverlangt hatte.

Als ich auf die Straße schaute, sah ich zwei Kinder, schmutzig wie ein alter Öllappen, die mein Rad bestaunten und begannen, es mit ihren Kleidern zu putzen. Dafür wollte ich ihnen die zwei leeren Flaschen geben. In dieser Region ist eine Flasche kostbar. Zur gleichen Zeit näherten sich jedoch vom Feld heimkehrende Frauen, die

In diesem Gebäude war das chinesische »Restaurant«, wo der Wirt die leeren Bierflaschen zerschlug. ▶

Yak-Dung als Brennmaterial gesammelt hatten. Als sie mich mit den beiden leeren Flaschen sahen, bedeuteten sie mir, daß sie diese haben wollten. Weil inzwischen an die 15 Frauen um mich herumstanden, war ich unschlüssig darüber, welcher ich sie nun geben sollte. Ich reichte sie dem Wirt in der Meinung, er wisse am besten, wem man die Flasche geben solle. Der aber hob beide über den Kopf und zerschmetterte sie am Boden. Während die Frauen mit finsterer Mine abzogen, lächelte der Wirt, ein Chinese, triumphierend. Er hatte es den Tibetern wieder einmal gezeigt!

Der Vorfall machte mich sofort wieder nüchtern. Ich bezahlte und setzte mich auf mein Rad, obwohl es dunkel wurde und ich in dem Wirtshaus eigentlich hatte übernachten wollen.

27 Kilometer hatte ich bis zur Hauptstraße nach Shigatse hinter mich zu bringen. Da ich keine Beleuchtung an meinem Rad hatte und ein

Traurig schauten mich die Kinder an, während der Wirt triumphierte.

starker Gegenwind mir den Sand ins Gesicht blies, kam mir eine Mauer, die von den Einheimischen als Wind- und Kälteschutz angelegt war, gerade recht. In dem Halbkreis aus Steinen baute ich mein Zelt auf und wollte gerade hineinkriechen, als ich Schritte hörte. Neben meinem Zelt standen zwei Männer, und jeder hatte einen Knüppel in der Hand. Auf eine Rauferei wollte ich mich nicht einlassen und sagte daher mit freundlicher und scheinbar fester Stimme »Taschi Dellek«. Dies schien sie zu beruhigen. Sie traten näher und befühlten mein Zelt. Eilfertig zeigte ich ihnen den Aufbau und auch meinen Schlafsack. Als sie sich genügend umgesehen hatten, meinten sie, es sei zu gefährlich, wenn ich allein an diesem Platz die Nacht verbringe. Ich solle mit ihnen kommen. Weil der kalte Wind immer stärker blies, nahm ich ihre Einladung an.

Nach einer Weile kamen wir in ein Dorf, das geschützt hinter einem Hügel lag. Es bestand aus insgesamt neun Hütten, 30 Menschen und mindestens genausovielen Hunden, die zu gerne alles, was nicht tibetisch war, angefallen hätten. Man führte mich in einen Raum mit einem Feuer in der Mitte. Im Nu drängten sich die Menschen darin. In dieser völligen Abgeschiedenheit war der Besuch eines Fremden immer noch etwas besonderes. Natürlich bestaunten sie auch mein Mountainbike.

Dann boten sie mir von dem Essen an, das offensichtlich für die ganze Großfamilie gekocht worden war. Es handelte sich um eine Mischung aus Reis, Gras, Blättern und, vermutlich eine Besonderheit, um Stücke von einem Darm, in die etwas Undefinierbares eingewickelt war. Ich fischte natürlich auch mit den Händen, wie die anderen, in dem großen Topf herum. Als ich aber eines von den glitschigen Darmteilen in der Hand hielt, ließ ich es entsetzt in den Topf zurückfallen. Dies sah einer der beiden, die mich hierher gebracht hatten, und weil er annahm, das Stück sei mir aus der Hand gerutscht, angelte er es mit geübten Fingern wieder hervor und bedrängte mich, die Delikatesse zu essen. Ich würgte das Stück samt unbekanntem Inhalt hinunter. Es schmeckte widerlich, aber ich wollte die Gastgeber nicht enttäuschen. Außerdem vermittelten mir die kindlich-friedlichen dunklen Augen in den verschmutzten Gesichtern der mageren Gestalten allmählich eine Art von Geborgenheit, daß sogar mein Widerwille gegen ihre Kochkünste nachließ. Anschließend gab es luftgetrocknetes Yak-Fleisch. Es schmeckte mir etwas besser und erinnerte ein wenig an unser Geselchtes.

Ihren Spaß hatten die Leute, wenn ich immer wieder aufsprang, um dem dicken Rauch zu entfliehen und draußen kurz nach Luft zu schnappen. Doch jedesmal kehrte ich genauso schnell wieder zurück, denn die Hunde lauerten nur darauf, den Fremdling endlich zu packen. Eine Unterhaltung war trotz der Kenntnis einiger Wörter unmöglich. Wie schon so oft überspielte ich die Situation mit einigen kleinen Zauberstücken. Alle um mich herum staunten, aber bald wurde ich ihnen unheimlich, so daß einer nach dem anderen verschwand. Endlich fand auch ich Ruhe. Lange allerdings schlief ich nicht, denn nach kurzer Zeit juckten mich am ganzen Körper Wanzen und Flöhe.

Unter großer Anteilnahme der Dorfbewohner, die sich zum Schutz vor der Kälte in noch mehr Lumpen gewickelt hatten, packte ich in aller Frühe meine Siebensachen auf den Drahtesel und sagte Dank und Lebewohl. Doch ich hatte die Hütten noch nicht hinter mich gelassen, als ich gebeten wurde, einen Moment zu warten. Ich traute meinen Augen nicht: Zwei Männer trugen ein Vehikel herbei, das früher mal ein Fahrrad gewesen sein mußte. Alles was nur kaputt sein konnte, war kaputt. Ein Schrotthaufen! Das Rad war ganz offensichtlich für Schwertransporte mißbraucht worden. Ich packte mein Werkzeug aus und werkelte fast den ganzen Tag, bis das Rad wieder einigermaßen in Ordnung war.

Ob die Leute meinen Fähigkeiten trauten oder nicht, keiner wollte eine Probefahrt machen. So setzte ich mich auf das Rad und fuhr ein Stück weit herum. Dann reichte ich das Rad an einen der Tibeter weiter und meinte, jetzt könne er es unbesorgt ausprobieren. Da stellte sich heraus, daß kein einziger im Dorf radfahren konnte! Ich wollte kein Spaßverderber sein und erteilte jetzt auch noch Fahrunterricht. Es lief genauso ab wie bei uns zu Hause: Die Kinder lernten es schnell, die Erwachsenen mußten, weil sie vor lauter Auf-

Kein einziger im Dorf konnte radfahren. Ich gab Fahrunterricht.

Das Kloster Tashi-Lhunpo. »Der Berg des Glücks« in Shigatse gehört zu den 13 sakralen Bauten in Tibet, die der Zerstörung entgangen sind.

Der heilige Bezirk des Klosters in Shigatse, wo der Pantschen Lama regierte. ▶

Ein junger Lama, der die Butterlampen anzündet, vor einer tibetischen Heiligenfigur mit zwei seiner Lieblingsschüler. ▶

regung immer das Bremsen vergaßen, von Mitlaufenden gehalten und dirigiert werden. Die sonst so wilden Hunde verhielten sich dabei auffallend still; offenbar hatten sie Respekt vor der Technik. Die beiden Männer, denen das Rad wohl gehörte, bestanden noch darauf, daß ich sie fotografierte. Das Bild, baten sie mich, sollte ich ihnen auf alle Fälle schicken.

Fünf Tage später erreichte ich Shigatse, die zweitgrößte Stadt Tibets. Ihr Bild wird geprägt von dem riesigen Kloster Tashi-Lhunpo am Nordrand der Stadt, ebenso wie von dem Dsong, der alten Burg, deren stattliche Fassade aus dem Felsen herauszuwachsen scheint. Hier war einst der Sitz des Pantschen Lama, der neben dem Dalai Lama der spirituelle Führer der Lamaistischen Gelbmützen-Sekte ist. Dieses für die Tibeter wichtige Oberhaupt lebt heute nicht mehr. Die Chinesen hatten ihn nach Peking verbracht und neutrali-

siert. Offiziell war er mit »wichtigen Aufgaben« betraut und dort unter mysteriösen Umständen gestorben.

Unter den vergoldeten Dächern dieser großartigen Tempelanlage haben in den goldenen Zeiten Tibets bis zu 3000 Mönche gelebt und die großartige Bibliothek, unzählige Seitenkapellen, die Grabstupas, d.h. die Mausoleen der sechs Pantschen Lamas, die, wie gesagt, von hier aus regiert hatten, und die weltberühmte 100säulige Versammlungshalle mit geistigem Leben erfüllt. Umwerfend das mächtige Heiligtum der Klosteranlage, der knapp 30 Meter hohe Sakyamuni-Buddha.

Ich mußte an Sven Hedin denken. In Shigatse war es, wo 1907 der Traum von Sven Hedin zerbrach, der ebenfalls bis Lhasa vordringen wollte. Die damalige Regierung in Lhasa hatte dem schwedischen Forscher erklärt, er dürfe nur

◀ *Shigatse, wo für Sven Hedin die so hoffnungsvoll begonnene Expedition vorzeitig endete.*

Im Inneren von Tashi-Lhunpo. Viele Katas, weiße Glücksschleier, haben Pilger hierher gebracht.

die Orte Jatung-Gyantse und Gartok besuchen, und hatte es ihm schwer verübelt, daß er auf einem verbotenen Weg bis nach Shigatse gelangt war. Er war aufgefordert worden, sofort umzukehren und auf demselben Weg, den er gekommen war, das Land zu verlassen. Das gleiche Schicksal konnte auch mich ereilen, da auch ich, wenngleich unter anderen Bedingungen, ohne Erlaubnis im Land herumfuhr...

Von einem florierenden Handelsleben, das Sven Hedin beschreibt, ist in der Stadt heute nichts mehr zu spüren. Die Tibeter verkaufen vor allem billige Imitationen von tibetischem Schmuck, der aus Nepal kommt. Alle paar Meter wird man von einem Einheimischen angesprochen, der illegal Geld umtauschen will. Die früher so einzigartigen Gebäude haben sich nach der teilweisen Zerstörung durch die Invasoren vielfach in Ruinen verwandelt, abgesehen von dem, was die Tibeter in alter Herrlichkeit wieder aufgebaut haben. Jeden Morgen und Abend ertönt aus krächzenden Lautsprechern chinesische Propagandamusik, chinesisches Militär ist überall zugegen. Die Soldaten schauen herablassend, wenn tibetische Pilger mit ihren Gebetsmühlen in der Hand die Tempelanlage umrunden und ihr »Om Mani Padme Hum« murmeln oder sich vor dem Eingang auf den Boden werfen. Es ist schlimm.

Daß Maos Handlanger, wie bei solchen Aktionen häufig der Fall, goldene Figuren, Bilder und anderes wertvolles Gerät auf Nimmerwiedersehen verschwinden ließen, wundert nicht. Die damaligen Roten Garden gingen aber sogar soweit, daß sie mit vorgehaltenen Maschinenpistolen den Mönchen befahlen, die Kultgegenstände und die Wandmalereien, die diese seit urdenklichen Zeiten verehren und anbeteten, eigenhändig zu zerstören! Die regulären chinesischen Truppen,

Viele Pilger umrunden auf diese Weise die Klosteranlage von Tashi-Lhunpo. Durch das Abmessen des Pilgerweges mit der eigenen Körperlänge glauben sie, eine höhere Wiedergeburt zu erreichen. ▶

00287

Tibetischer Bauer mit seinem Gespann. »Kyerang kaba pebka?« – Wohin gehst Du?
»Nach Lhasa«, sagte ich.
»Kale pe«. – Geh ruhigen Fußes!

die auf Tschu En Lai hörten, sollen angeblich die schlimmsten Barbareien verhütet haben. Ziemlich deprimiert verließ ich Shigatse nach fünf Tagen in Richtung Gyantse, das laut Karte etwa 100 Kilometer entfernt liegt.

Weil ich nicht genug bekommen konnte vom Schauen, brauchte ich zwei volle Tage für die Strecke. Das an der alten Karawanenstraße gelegene Gyantse hat seinen tibetischen Charakter vortrefflich bewahren können. Der Markt von Gyantse war einst ein Sammel- und Kreuzungspunkt für Karawanen aus Nepal, Bhutan, Sikkim und Indien. Der Ort wurde vor allem wegen seiner herrlichen Teppiche und der Stoffherstellung so attraktiv. Dabei waren die Rotchinesen gar nicht die ersten gewesen, die dem Ort schlimm zusetzten. Die Klosteranlage hatte bereits im Jahre 1903 bei der Belagerung während der englischen Younghusband-Expedition einen Volltreffer abbekom-

Die Tibeter konnten nicht verstehen, daß man so wertvolle Holzstangen, deren Sinn sie nicht verstanden, aufstellte. Dieses Holz brauchten sie dringend für Häuser und Klosterbauten, deshalb verschwanden immer mehr dieser Masten. Die Chinesen ersetzten sie durch Säulen aus Lehm.

Die Tempelanlage Kum-Bum in Gyantse. Die Schutzmauern sind noch völlig erhalten. Das dunkle Quadrat ist die Thanka-Wand, auf der bei meiner Rückfahrt der wunderbare, 40 Meter große Thanka aufgehängt wurde. In dieser Tempelanlage hielt sich der Dalai Lama auf seiner Flucht nach Indien einige Zeit versteckt.

men. Von dem malerisch am Felshang innerhalb des alten Stadtkerns gelegenen Kloster sind lediglich zwei Gebäude restauriert worden. Erhalten blieb die begehbare riesige Stupa der 100 000 Buddhas, der »Kum-Bum«, der zu Recht als das schönste Bauwerk Tibets gilt.

Drei Tage blieb ich an diesem außergewöhnlich schönen Platz. Von der stolzen Burg schweift der Blick weit hinaus über ein Flußbett auf grüne Felder, auf denen Bauern mit ihren Yaks Furchen in den kargen Boden ziehen. Oft stieg ich auf einen kleinen Aussichtshügel, auf dem bunte Gebetsfahnen im Wind flatterten. Hie und da kam ein Pilger herauf, setzte sich neben mich, murmelte ein Gebet und verschwand im Labyrinth der Gassen. Im Ort beeindruckten neben der zur Tempelanlage führenden Hauptstraße eigentümlich gebaute Häuser mit Flachdach, wie ich sie nur in Gyantse gesehen habe. Von meinem Aussichtshü-

Gyantse. Hier ist nicht nur die Wurzel der tibetischen Teppichknüpfkunst, hier liefen auch die Karawanenwege aus Indien und Nepal zusammen, die das »Schneeland« mit Waren versorgten. Von rund 100 Klostergebäuden und Tempeln sind hier noch vier erhalten. ▶

gel aus konnte ich in die offenen Dachwohnungen hineinblicken. Yak-Kälber lagen im sogenannten Wohnzimmer herum, und die Kinder spielten mit ihnen. Yak-Dung klebte überall zum Trocknen an den Hauswänden und die Frauen waren gerade dabei, weitere Fladen zu formen und an die Wände zu klatschen. Sie sind das wichtigste Brennmaterial.

Direkt gegenüber von meinem Standort erhob sich eine hohe Thanka-Wand, ähnlich wie in Shigatse. An ihrem Fuß arbeiteten viele Frauen und Männer an einem neuen Sockel. So gut ich konnte, half ich ihnen, bis es dunkel wurde. Ich genoß die unbeschwerten Stunden, von den Einheimischen mit fröhlichen Liedern begleitet.

Bis Lhasa waren es von hier aus nur noch 210 Kilometer. Ich war sicher, es in spätestens drei Tagen zu erreichen. Hinter dem Ort Rolung hieß es gewaltig schieben. Ich fühlte mich in bester Verfassung. Sturm kam auf, und die Sandkörner stachen wie tausend Nadeln ins Gesicht. Vor mir lag der Karo-La, mit 5045 Meter der bisher höchste Paß dieser meiner Tour, zugleich die Wasserscheide des tibetischen Hochplateaus. Immer häufiger überholten mich Busse und Jeeps mit europäischen Touristen, die kaum etwas für die umwerfende Landschaft übrig zu haben schienen, sondern lediglich ihr Zeitlimit im Auge hatten.

Auf der Paßhöhe flatterten die Gebetsfähnchen zu Hunderten. Immer mehr Pilger benutzten diesen Weg nach Lhasa und lassen an seinem höchsten Punkt, wie es der Brauch ist, zum Dank ihre Fähnchen zurück. Häufig erkennt man darauf das Windpferd Lungta, das die Seele in den Körper bannen soll. Kein Wallfahrer versäumt es außerdem, einen Stein auf eine der Pyramiden zu legen und zum Dank zu beten. Einen weiteren Stein legen sie – übrigens auch die Lkw-Fahrer – irgendwo vor der Pyramide ab, als Bitte an die Geister zum Schutz.

Mit einem Mal fing es zu schneien an. Sturm kam auf, trieb die Schneeflocken vor sich her und deckte im Nu alles zu. Ich hatte Rast gemacht bei der Steinpyramide und fand mein am Boden liegendes Rad fast nicht wieder. Im nächsten Moment vernahm ich Stimmen. Hatte ich bereits Halluzinationen? Nein, zwei Männer stapften mit Pferden herauf. Sie waren so mit sich beschäftigt, daß sie mich in den tiefhängenden Wolken erst im letzten Augenblick bemerkten. Sie erschraken. Wie auf Kommando verbeugten sie sich und streckten spontan ihre Zunge heraus. Für uns Europäer etwas ungewöhnlich, wenn man nicht weiß, daß diese Art der Begrüßung bis ins 18. Jahrhundert zurück reicht. Als damals die Mongolen in Tibet einfielen, hörten sie, daß die Bon-Priester über geheime Zauberkräfte verfügten und sich dadurch ihre Zunge verfärbt hatte. Da sie glaubten, diese Priester könnten auch Krankheiten in bestimmte Menschen hineinzaubern, zwangen sie alle Tibeter, beim Gruß die Zunge vorzustrecken – um sicherzugehen, daß sie keinem Zauberer begegneten. Diese Sitte, einem Fremden die Zunge herauszustrecken, um zu zeigen, daß man nichts Böses im Schilde führe, wandelte sich später in einen Sympathiebeweis für Fremde oder höhergestellte Personen.

Die beiden Männer näherten sich mir sehr scheu. In ihrer Kleidung aus roh gefertigtem und mit den Haaren nach innen gekehrten Schaffell, auf dem Kopf ihre typische Mütze mit den Ohrenklappen und an den Füßen die eigentümlichen Stiefel sahen sie genau aus, wie Sven Hedin sie einst beschrieben hatte. Aus den wettergegerbten Gesichtern blickten mich untertänige Augen an. Dann bemerkte ich, daß der eine mir schon länger

Der den Tibetern heilige Yamdrok-See. ▶▶

Tibetischer Nomade.

seine fast blaugefrorene Hand entgegenstreckte. An einem Finger hatte er ein großes, offenes Geschwür. Der Mann bat mich mit Gesten, ihm zu helfen. So gut ich konnte, versorgte ich ihn und legte einen Verband an. Als der zweite Mann aus seinem Fellkleid eine Münze hervorkramte, nahm ich sie natürlich nicht an und drückte beiden ein Bild vom Dalai Lama in die Hand. Sie verneigten sich tief und erklärten, daß sie auch nach Lhasa wollten. Sie waren der irrigen Ansicht, der Dalai Lama sei gestorben.

Nach einer Fahrt hinunter durch die tiefhängenden Wolken lag plötzlich der wunderbare, stahlblaue Yamdrok-See vor mir. Er heißt so nach seiner Form, der eines Skorpions. Den Tibetern gilt er als heilig. Nach dem Schnee auf der Paßhöhe war es sehr angenehm, bei milden Temperaturen an seinem Ufer entlangzufahren, das von Rostgänsen, Fischmöwen, Seeschwalben, Uferläufern und Regenpfeifern bevölkert war. Sogar schwarz-weiße Schwarzhalskraniche, diese in Tibet heiligen Vögel, die nahezu ausgestorben oder vielmehr ausgerottet sind, gab es hier. Mehrmals zogen auch riesige Bartgeier majestätisch ihre Kreise über dem See.

Die Nacht verbrachte ich in Pede Dzong, wo ich auf dem Flachdach eines leerstehenden Hauses mein Zelt aufschlug. Wieder versammelte sich am Abend die Einwohnerschaft um den Radlfahrer aus Bayern. Zuerst die Männer, dann die Kinder. Ich zeigte mein Schreiben und verteilte Bilder vom Dalai Lama. Als die alte Hütte in allen Fugen zu krachen begann, war ich meine freundlichen Besucher bald wieder los, und ich konnte ungestört mein »Abendmahl« mit Blick auf den See genießen. Unterbrochen wurde ich nur durch einen staatlichen Wegemacher, der mittels einer mittelalterlich anmutenden Maschine die Schlag-

löcher in der unbefestigten Straße auffüllte. Dies hielt freilich nur, bis der nächste Lkw die Straße passierte, aber der Mann stand wenigstens in Arbeit und Brot. Unterwegs sah ich noch viele dieser Arbeiter, doch der hier war etwas besonderes: Er trug nämlich am rechten wie am linken Handgelenk eine Uhr. Ich stieg vom Hausdach herunter und fragte ihn. Auf der einen Uhr hatte er die Pekingzeit: Auf ihr war es gerade 19 Uhr. Die andere zeigte die Tibeterzeit: 16 Uhr.

Weil ich mein Chronometer dem chinesischen Grenzer hatte »überlassen« müssen, richtete ich meinen Tagesablauf zwangsläufig nach der Sonne ein. Als sie am anderen Morgen gerade aufging, stieg eine alte Frau mühsam zu mir an meinen Schlafplatz herauf und brachte eine Schale Yak-Milch. Zum Lohn erbat sie sich ein Bild vom Dalai Lama. Als sie sah, daß ich mit auf dem Foto abgebildet war, trennte sie es vorsichtig in

Mit diesem eigenartigen Gefährt versucht dieser Tibeter einige Kilometer Straße in Ordnung zu halten. Tageslohn für Mann, Pferd und Gerät: DM 1,50.

zwei Teile und gab mir den mit meinem Konterfei zurück...

Während ich mein Zelt in der Tasche verstaute, bemerkte ich, wie mehrere Männer am Ufer des Sees ein großes und schweres Stromaggregat in ein Boot aus Yak-Haut hievten. Für uns kaum vorstellbar, daß in Tibet noch Boote aus Fell, ähnlich den Kajaks der Eskimos, verwendet werden. Aber Boote aus Holz kennt man hier nicht, weil dort kein Baum und Strauch wächst.

Nach rund vier Stunden hatten die Männer das Aggregat im Boot. Ich war mir ganz sicher, das Gefährt würde mit dieser schweren Last wie ein Stein versinken, sobald es vom Ufer ablegte, denn das Skelett des Bootes ist nichts anderes als ein Rahmen aus Ästen mit Querrippen, die mit Stricken verbunden waren. Das ganze Gestell muß genauso groß sein wie vier aneinander genähte Yak-Häute, die dann darübergezogen und

Fünf Männer luden das schwere Aggregat in ein »Kowa«. Diese Yakhaut-Boote, die in Tibet sehr selten geworden sind, bestehen aus der Haut von vier Yaks, die um ein Gerstengerüst gespannt wird. Dadurch entsteht eine Einheitsgröße. Sie können nicht länger als zwei Stunden im Wasser bleiben, da die Haut dann aufweicht.

mit Baumharz abgedichtet werden. Das fertige Boot, vorne ein wenig konisch zulaufend, ist so leicht, daß ein Mann es leicht tragen kann. Für den oder die Ruderer ist noch ein kleiner Sitz vorgesehen. Interessant sind auch die beiden Ruder. Sie bestehen aus zwei vorne gespaltenen, gespreizten Astgabeln, zwischen die ein Stück Yak-Haut gespannt wird. So ähneln sie ein wenig den mit Schwimmhäuten ausgestatteten Beinen von Enten und Gänsen.

Gegen Mittag stach das Boot in See. Zu dem klobigen Aggregat kam als weiteres Gewicht das der beiden Ruderer. Kaum zu glauben, aber es ging nicht unter! Nach kräftigen Ruderschlägen war das Boot bald nur noch als Punkt auf dem Wasser zu sehen.

Unmittelbar hinter dem See begann der Aufstieg auf den 4799 Meter hohen Kamba-La. Auf der Paßhöhe kampierten unfreiwillig einige chinesische Soldaten, die verzweifelt versuchten, ihren Lkw wieder in Gang zu bringen. Empört stellte ich fest, daß sie mit den von den Tibetern auch hier hinterlassenen Gebetsfahnen den Motor und ihre ölverschmierten Hände reinigten. Ich machte gar nicht Halt, weil ich so wütend war über diese Pietätlosigkeit, und fuhr gleich weiter.

Die Karte zeigte mir an, daß es vom Kamba-La fast 1000 Höhenmeter talwärts ging. Nach den Kilometersteinen waren es keine 100 Kilometer mehr bis Lhasa! Ich sah in die Weite des vom Brahmaputra durchflossenen Tales und viele kleine Ansiedlungen. Morgen würde ich in der Götter-Hauptstadt sein, und mein Jugendtraum würde sich erfüllen!

Plötzlich zischte es hinten am Rad – ein Plattfuß. Wieder einmal das ganze Gepäck abladen, das Rad ausbauen, das Loch im Schlauch finden, den Flicken draufkleben; ich zählte den 52.

Das genügt, sagte ich und zog einen nagelneuen Schlauch auf. Nach letzten Informationen war die Straße unten am Ende des Passes bis Lhasa asphaltiert, es konnte nach Adam Riese nicht mehr viel passieren. Ein paar Wochen später sollte sich herausstellen, daß ich zu großzügig gewesen war. Mit Sand und dem Rest des Trinkwassers reinigte ich, als ich endlich wieder startbereit war, meine Hände.

Unten am Paß stand eine lange Militärkolonne mit Lkw. Während ich mein Fahrrad herzklopfend vorbei schob, sah ich, daß die Soldaten mit den Händen die von einem gewaltigen Erdrutsch verschüttete Straße freizuschaufeln versuchten. Gleich dahinter zweigte eine Behelfsstraße von der Hauptstraße ab. Weil ich das Hinweisschild nicht lesen konnte, fragte ich die Soldaten, ob dies der richtige Weg nach Lhasa sei. Als sie mir recht neugierig, aber ganz freundlich zunickten, machte ich mich schnell aus dem Staub.

Der Weg wurde ständig schlechter, und ich mußte das Rad fast den ganzen Tag über schieben. Kein Dorf weit und breit, kein Mensch, der mir begegnete. Aus einem schmalen Rinnsal schöpfte ich Wasser. Meine Verpflegung ging schon zur Neige, und ich verbrauchte meinen Notproviant. Ich wurde immer unsicherer, ob mir die Chinesen den rechten Weg gesagt hatten. Ich wollte schon umkehren, als ich am Fuß der Gebirgskette Rauch aufsteigen sah. Bald war ich in einem Dorf, das nur aus ein paar Hütten bestand. Alles was Beine hatte, kam mir entgegen gelaufen. »Zur Schog, zur Schog« – »Komm her, komm her«, riefen mir die Menschen zu und lachten freundlich.

Mehrmals war die Strecke durch Erdrutsch oder, wie hier, durch Sprengungen unterbrochen. ▶

Das ganze Dorf freute sich über die Abwechslung, nur ich nicht, denn ich wollte ja keine

Viel Mühe und Anstrengung hätte ich mir erspart, wenn ich dieses Schild hätte lesen können. Allerdings wäre mir auch eine interessante Begegnung entgangen.

Zeit verlieren und mich nur nach dem richtigen Weg erkundigen. Reden wollte ich auch nicht, weil ich ziemlich ausgepumpt war. Im Gegenteil, Wut stieg in mir auf. Als ein recht wichtig aussehender Mann sich vor mir verneigte und sagte: »Kyerang phep gi re«, das heißt »du bist herzlich willkommen«, hatte ich mich wieder in der Hand. »Thugjetsche« – »Danke«, entgegnete ich. »Nga la tschu tschung sä tschi nang« – ich bat um Wasser. Sofort rannten einige Kinder los und brachten in verrosteten Konservenbüchsen und alten, dreckigen Flaschen Wasser. Als mir die schmutzigen Hände auch Brot gaben, mußte ich mich überwinden, es zu nehmen.

Ein alter Stall wurde schnell ausgeräumt, das war meine Unterkunft. Heute passiert nichts mehr, überlegte ich, und legte mich sofort schlafen. Am anderen Morgen zeigten mir die Dorfbewohner stolz einen kleinen Kanal, durch den sie das Wasser von den Bergen ins Dorf leiteten. Kompliment, anerkennend nickte ich. Rätselhaft wurde es allerdings, als die Leute mir immer wieder an den Bart faßten und dann an meiner Hand rieben. »Pola« und »Tschu«, hörte ich immer wieder. »Pola« war der Bärtige, und »Tschu« heißt Wasser. Was konnte damit gemeint sein? Am Abend gab es eine Erklärung. Mit Hilfe der Zeichensprache erfuhr ich, daß vor längerer Zeit zwei Männer mit Bärten über das Gebirge gekommen waren und im Dorf lebten. Ihr Bart und ihre Hautfarbe waren wie die meine.

Eine alte Frau zog zwei Gegenstände aus einer Kiste. Bei den beiden Stücken handelte es sich um eine Schnupftabakdose mit den Initialen »P.A.« und um einen Beutel aus Ziegenleder, wie er im Himalaya zum Aufbewahren von Tsampa, das ist Gerstenmehl, benutzt wird. Zwei Europäer waren also in dieses Dorf gekommen und hatten den Kanal angelegt. Die beiden Gegenstände hat-

Mit Hilfe einiger Tibeter gelangte ich über dieses Gebirge an den Kyichu-Fluß, der kurz darauf Lhasa-Fluß heißt. ▶

ten sie zurückgelassen, als sie das Dorf wieder verließen. Wer konnte das gewesen sein? Die Buchstaben auf der Dose könnten ein Hinweis auf Peter Aufschnaiter und auf seine damalige spektakuläre Flucht mit Heinrich Harrer von Indien nach Lhasa sein. Von Peter Aufschnaiter ist bekannt, daß er Brunnen und Bewässerungskanäle angelegt hat. Leider lebt er nicht mehr. Er war 1973 in Innsbruck gestorben. Vielleicht wußte Heinrich Harrer mehr. Ich würde ihn bei nächster Gelegenheit besuchen und ihn nach diesem Dorf befragen.

Erst am dritten Tag waren diese überaus freundlichen Menschen damit einverstanden, daß ich mich verabschiedete. Es stand jetzt auch fest, daß mir die Chinesen den falschen Weg gesagt hatten. Dadurch war ich rund 200 km Umweg gefahren. hatte aber diese interessante Begegnung. Zwei junge Männer aus dem Dorf begleiteten mich und halfen mir, mein Gepäck und das schwere Rad auf einem schmalen Pfad über die Berge zu transportieren. Der Abstieg auf der anderen Seite war genauso halsbrecherisch, doch die beiden kannten sich gut aus. Unten standen wir vor einem ziemlich breiten Fluß. Ein Übergang oder vielleicht sogar eine Brücke war nirgendwo zu sehen. Die Männer stießen ein paar Schreie aus, und kurze Zeit später ruderten zwei Männer in einem Yak-Boot herbei. Meine beiden Helfer aus dem Dorf verabschiedeten sich jetzt von mir und gaben mir die erwähnte Schnupftabakdose und den Tsampa-Beutel mit, weil sie meinten, die zwei Fremden von damals hätten sie vergessen mitzunehmen. Kurz danach war ich wohlbehalten am anderen Ufer angelangt.

Ich hatte Vertrauen zu den Yakhaut-Booten, denn ich erinnerte mich daran, daß sogar ein schweres Aggregat ohne Schwierigkeiten transportiert werden konnte. ▶

Auf der Karte stellte ich fest, daß ich gerade den Kyichu-Fluß überquert hatte. Die asphaltierte Straße, die ich hier antraf, führte direkt nach Lhasa. Sie war ziemlich stark befahren. Kleine Lä-

den säumten den Weg, zahlreich bunte Gebetswimpel schmückten die Hausdächer. Aber auch immer mehr Kasernen und chinesische Fahnen wiesen auf die derzeitigen Machthaber in Tibet hin. Da ich recht erschöpft war, erreichte ich Lhasa an diesem Tag, wie geplant, nicht mehr. Etwa zehn Kilometer vor der Stadt kampierte ich auf freiem Feld.

Eine in Stein gehauene Buddha-Statue am Kyichu-Fluß kurz vor Lhasa.

Nach einer Nacht, in der ich vor Aufregung kaum schlafen konnte, stand ich am anderen Morgen, es war der 26. Mai 1987, gegen zehn Uhr in Lhasa, der heiligen Stadt, 3858 Meter über dem Meer, dem »Ort der Götter«, vor dem Potala, dem einstigen Sitz des Dalai Lama. Kein Fremder hatte sie in früherer Zeit betreten dürfen. Wie viele Abenteurer, Forscher und Pilger hatten sich vergeblich auf den Weg zu ihr gemacht. Was hätte z.B. Sven Hedin darum gegeben, sie zu sehen! Ein großes Glücksgefühl durchströmte mich. Konnte je ein

◀ *Das andere Ufer ist erreicht.*

Der majestätische Bau des Potala, die Götterburg des Dalai Lama. Die braunen Gebäude sind die heiligen Bezirke, sowie die Wohn- und Studienräume des Gottkönigs. Über ihm war nur noch der Himmel. Dieser festungsartige Palast ist wohl der älteste Wolkenkratzer und ungefähr 170 Meter hoch.

schönerer Traum in Erfüllung gehen? Dazu kam, daß ich die Strecke ganz aus eigener Kraft geschafft hatte.

Der Lärm und Gestank der Lastkraftwagen, das Schreien der Händler, die hastenden ausgemergelten Kulis mit ihren überladenen Zweiradkarren, die elegant gekleideten Chinesen auf Fahrrädern oder in Autos versanken um mich herum, als ich ehrfurchtsvoll zum 170 Meter hohen Potala mit seinen 13 Stockwerken hinaufschaute. Auch die aus manchen Türen lärmende Rockmusik registrierte ich kaum. Vielmehr folgte ich den vielen Menschen, die mit Gebetsmühlen in der Hand zum Potala strebten und dabei ihr »Om mani padme hum« murmelten. Hier in dieser hoch über dem Tal des Lhasa-Flusses gelegenen Palastburg hatten einst neun Könige und zehn Dalai Lama über das geheimnisvolle, höchstgelegene Reich der Welt regiert.

Auf einer künstlichen Insel wurde unterhalb des Palastes ein chinesischer Pavillon errichtet.

Pilger und Gebetsfahnen vor dem Palast, der im 17. Jahrhundert errichtet wurde.

◀◀ *Als ich am 20. Mai 1987 endlich Lhasa (Ort der Götter), mein Traumziel, vor mir sah, kam ich mir vor wie ein Pilger.*
Am Fuß des Potala schlug ich mein Zelt auf.

Was fasziniert so am Potala, dessen Name aus dem Sanskrit stammt und »Der rettende Hafen« bedeutet? Ist es die architektonische Harmonie oder die Pracht der goldenen Dächer mit ihren vielen Verzierungen? Ein Zusätzliches tut der tiefblaue Himmel, der die Anlage noch erhabener erscheinen läßt. Lhasa, das ist wirklich ein göttlicher Ort. Es wird berichtet, daß um die Mitte des 7. Jahrhunderts Songsten Gampo, ein tibetischer König, sich in der Ebene von Rasa, d.h. Ziegenland, niederließ. Später wurde der Platz als »Lhasa«, »das Land Gottes«, bekannt. Songsten Gampo heiratete 641eine nepalesische Prinzessin, die den Buddhismus nach Tibet brachte. Auf einem Felsen, der einem schlafenden Elefanten glich, wurde dann der königliche Wohnsitz gebaut. Der heutige Bau mit seinen angeblich tausend Räumen, ebenso zahllosen Hallen, Kapellen, Nischen und Höhlen, wurde vom 5. Dalai Lama Mitte des

Kein Haus in Lhasa durfte höher sein als der »rettende Hafen«.

Der verlassene Thron des Dalai Lama. Die weißen Ehrenschleier sollen die Götter bitten, daß der Dalai Lama bald wieder in den Potala-Palast zurückkehrt. Er wird unbedingt gebraucht, denn er ist der Mittler zwischen der Gottheit und den Menschen, und ohne ihn können sie nicht in das Nirwana kommen.

Tibetischer Mönch, der von einem anderen Kloster nach Lhasa gepilgert war.

17. Jahrhunderts erbaut. Es ist bis heute nicht sicher, ob jemals Baupläne existierten oder ob einfach baumeisterliche Fantasie sich verwirklichte. Jedenfalls entstand damals unter dem ungeheuren Fleiß und der Anstrengung tausender Fronarbeiter der wohl höchste »Wolkenkratzer« der alten Welt.

An der Rückseite des Potala, an einem kleinen See, schlug ich mein Zelt auf, so daß ich ungehindert den Wunderbau bestaunen konnte. Bei einem der Straßenhändler kaufte ich mir Joghurt, Weißbrot und Eier und zog mich in mein Zelt zurück. Es war wie ein Festmahl in einem Nobellokal! Weil ständig Neugierige um mein Zelt herumstanden, zog ich in eines der preiswerten Hotels um. Es war eine Wohltat, mich endlich mal wieder richtig waschen, in einem sauberen Bett schlafen und essen zu können, worauf ich Lust hatte.

Dann machte ich mich am nächsten Morgen auf den Weg zu meinem ewigen Ziel, dem Potala. Auf dem breiten Pfad überholte ich Pilger, an deren verstaubter Kleidung, wundgelaufenen Füßen und erschöpften Bewegungen ich sehen konnte, welch weiten Weg sie hinter sich hatten. Das Innere des Potala übertraf noch meine Erwartungen. Kein Foto und kein Film ist in der Lage, auch nur annähernd das wiederzugeben, was sich innerhalb der Mauern des Potala dem Auge und der Seele eröffnet. In den zum Teil düsteren Räumen hatte ich Schwierigkeiten, mich zu orientieren. Butterlampen beleuchteten schwach Unmengen von Thankas und Wandgemälden. Oft fand ich mich im Gewirr der Treppen und der turmartigen Räume nicht mehr zurecht und ließ mich einfach von den Besucherströmen treiben. Welch Glück lag auf den Gesichtszügen der tibetischen Pilger, die sich mit dem Besuch von Lhasa und des Potala ihren höchsten religiösen Lebenstraum erfüllten.

Vieles, was mir sonst über Lhasa verschlossen geblieben wäre, erfuhr ich durch einen jungen Tibeter aus meinem Hotel. Er sprach gut englisch und konnte meine Fragen an die Mönche übersetzen. Durch meine Fotos, die mich mit dem Dalai Lama zeigten, öffneten sich mir zusätzlich Tür und Tor. Zum Beispiel zeigte man mir das einfach eingerichtete Schlafzimmer des heutigen 14. Dalai Lama. Es liegt im 7. Stockwerk, dessen prachtvolle dunkelrote Fassade mit mehreren goldenen Figuren und Dächern sich vom übrigen Potala noch abhebt, wo sich der heiligste Bezirk, der Sitz der Götter und gleichzeitig die Residenz des Dalai Lama befindet. Betsäle und Versammlungshallen, dazu Grabmale der verstorbenen Dalai Lama werden ergänzt durch die Wohn- und Studienräume des Gottkönigs. Über ihm ist nur noch der Himmel. Seit Urzeiten darf in Lhasa kein Gebäude höher sein als der Potala.

Den Mönchen, die von meinen Fotos mit dem Dalai Lama wußten und von denen sie natürlich auch gerne einige gehabt hätten, gab ich gleich mehrere davon, da ich im Gegenzug einige Aufnahmen von den Räumen machen durfte, was ja nicht erlaubt ist. Vorsichtig mußte man trotzdem sein, denn selbst hier strichen als Mönche verkleidete chinesische Polizisten herum. Sie sind fast allgegenwärtig und bestimmen inzwischen weitestgehend das Geschehen im Potala.

Meinem Gefühl nach stehen alle Klöster Tibets, vor allem aber der Potala und der Yokhang, auf extrem starken Energiefeldern. Außerdem sind sie alle in Ost/West-Richtung gebaut. Es reizte mich, die vergeistigten Mönche etwas mit meinen irdischen Fähigkeiten zu überraschen. Ich bat sie, mit einer Wünschelrute durch die Räume gehen zu dürfen. Eine passende Weidenrute hatte ich mir bereits abgeschnitten. Nach der zögernden Erlaub-

nis eines höhergestellten Lamas durfte ich in seiner Begleitung durch die Räume gehen, wobei er ängstlich darauf achtete, daß keine der heiligen Figuren durch meine Rute einen Schaden erlitt.

Ganz deutlich registrierte ich durch die Bewegungen der Rute, daß von der Götterfigur, der die größte Bedeutung zugesprochen wird, oder vom Allerheiligsten ganz besonders starke Energiebündelungen ausgingen. Ebenso schlug die Rute in den Gebets- und Meditationsräumen stark aus, folglich mußten sie über intensiven Energiezonen angelegt sein. Es herrscht somit auch viel natürliche Energie in diesen Räumen, so daß die dort Betenden oder Meditierenden um so mehr der Kräfte teilhaftig werden können.

Die Mönche kamen aus dem Staunen nicht heraus, und mich freute es, daß mich meine Fähigkeit – ähnliche Versuche hatte ich mit gleichem Ergebnis in verschiedenen Kirchen zu Hause angestellt – auch hier nicht verlassen hatte. Natürlich wollten mehrere Mönche die Kraft und das Geheimnis der Wünschelrute kennenlernen. Als es bei einigen beinahe auf Anhieb funktionierte, waren sie tief beeindruckt und glaubten, in mir schlummerten übernatürliche Kräfte.

Am Ende der Besuchszeit winkte mich der hochgestellte Lama allein zu sich, selbst mein tibetischer Begleiter durfte nicht mit. Nachdem alle Besucher gegangen und die Mönche beim Gebet waren, führte er mich zu einem Raum, der offensichtlich schon lange nicht mehr geöffnet wurde. Darin lag eine ganze Menge von dem einst so prächtigen Tempelschmuck wie auf einem Schutthaufen aufeinandergetürmt. Die Chinesen hatten diese einzigartigen Verzierungen vom Potala heruntergerissen und in diesen Raum geworfen. Der Lama ahnte wohl, wie sehr es den Glauben und die tiefe Religiosität der Tibeter erschüttern würde,

◀ *Ein tibetischer Pilger. Die abgerissene und verdreckte Kleidung dieses Pilgers ist kein Zeichen der Armut oder Schande. Diese frommen Menschen sind oft jahrelang unterwegs, um einmal im Leben nach Lhasa zu kommen, denn ihr Glaube sagt ihnen, daß sie wenigstens einmal im Leben dorthin pilgern sollen, um dort Yobo-Buddha, das größte Heiligtum, zu berühren.*

Junge, moderne Tibeterin.

Dieser Lama ist ein enger Vertrauter des Dalai Lama. Er war bei der Flucht nach Indien im September 1959 dabei, kehrte aber auf Bitten des Dalai Lama wieder in den Potala zurück, um dort für den Frieden Tibets zu bitten. ▶

wüßten sie, was aus ihren Figuren und geheiligten Kostbarkeiten geworden ist, und ließ daher niemand in diese deprimierende Stätte. Stumm standen wir einige Minuten, in die Augen des Mönches traten Tränen. Ich konnte gerade noch schnell ein Foto von dem nicht wiedergutzumachenden Frevel machen, dann wurde die Türe wieder geschlossen.

Alle Vorsicht hatte wenig genützt. Als mich am anderen Morgen ein junger Mönch um ein Bild vom Dalai Lama bat, und ich es ihm gab, trat ein anderer Mönch auf uns zu. Da ich annahm, daß er ebenfalls ein solches Foto haben wollte, und ich ihm eines reichte, riß er es mir aus der Hand, zerfetzte es in viele kleine Stücke und warf sie mir vor die Füße. Mir war sofort klar, daß er ein verkleideter chinesischer Polizist war, denn ein Tibeter hätte niemals ein Abbild des Dalai Lama zerstört.

Von nun an blieb mir der Zutritt zum Potala verwehrt. Der jetzt am Einlaß stehende »Mönch« schickte mich freundlich, aber unnachgiebig zurück. So steuerte ich mein nächstes Ziel an, den Yokhang-Tempel. Auf dem Weg dorthin erlebte ich einen tibetischen Markt. Neben Fahrradglocken wurden feilgeboten Brot, Obst, Joghurt, dazwischen Hüte, Gemüse, Antikes, in Tiermägen oder -blasen eingenähte Butter, und unmittelbar daneben – das Freiluft-Pissoir für Männer. Vom Hygienestandpunkt aus mußte man zwei Augen zudrücken, und dennoch paßte dies alles eigentlich wiederum zusammen. Störend wirkten nur die überall patrouillierenden, martialisch bewaffneten chinesischen Soldaten.

Der Yokhang-Tempel ist die Stadtkathedrale von Lhasa. Für die Tibeter hat er den gleichen Stellenwert wie die Peterskirche in Rom für die Christen. Auf dem großen Platz vor dem Heiligtum saßen Pilger in zerfetzter Kleidung oder Mön-

Der Yokhang, auch das »Haus des Herrn«, Haus des Yobo genannt. Es ist das größte Heiligtum der Tibeter (der Potala ist nur der Sitz des Dalai Lama). Er ist zu vergleichen mit der Peterskirche in Rom oder der Kaaba in Mekka und beherbergt den Yobo-Buddha, eine überlebensgroße Statue, die mit vielen Edelsteinen besetzt ist. Diese wertvolle Figur wurde im Jahre 641 von der chinesischen Prinzessin Web-Chi-Eng, die den damaligen tibetischen König Songsten Gampo heiratete, als Hochzeitsgeschenk mitgebracht.

che in ihren braunroten Gewändern. Alle beteten oder sangen aus ihren Büchern. Beinahe auf Schritt und Tritt saßen völlig verdreckte Bettler herum, baten um ein Almosen oder warteten auf etwas Reis, den ihnen abends die Mönche auf Karren bringen. Zwischen alldem standen kleine Weihrauchöfen, die mit Wacholderzweigen beheizt wurden und einen süßlichen Duft verströmten. Unzählige Pilger umrundeten auf der Pilgerstraße im Uhrzeigersinn mit ihren Gebetsmühlen den Tempel. Einige erwiesen sich als besonders demutsvoll und maßen die Wallfahrtsstraße mit ihrer Körperlänge ab. Jüngere Pilger umkreisten den Yokhang mit der Länge ihres Körpers insgesamt 108mal, eine Zahl, die bei den Tibetern eine magische Bedeutung hat. Dieses Abmessen kann drei Tage lang dauern. Am Eingangstor zum Tempel drängten sich die Pilger besonders dicht. Sie falteten die Hände über dem Kopf, senkten sie vor

Seitenstraße in Lhasa. Im Hintergrund der Potala.

Stirn, Hals und Brust, fielen auf die Knie und streckten sich auf dem Boden aus.

Der Yokhang (»Haus des YOBO«) beherbergt die heiligste aller Figuren in Tibet, den Yobo-Buddha. Er wurde im 12. Jahrhundert von einer chinesischen Prinzessin der Tan-Dynastie, die den damaligen tibetischen König geheiratet hatte, als Gast- oder Hochzeitsgeschenk mitgebracht. Von dieser Figur soll eine besondere Kraft ausgehen. Der Wunsch eines jeden Tibeters ist es, einmal im Leben diese reich geschmückte Figur zu sehen und zu berühren. Meist ist sie verhängt. Für ein Bild des Dalai Lama lüftete einer der Mönche den Vorhang, damit ich dieses Heiligtum sehen und fotografieren konnte.

Pilger, die aus allen Teilen des Landes kommen und vielfach größte Strapazen auf sich nehmen.

Wie ich erfuhr, besuchen die Tibeter Lhasa in erster Linie nicht wegen des Potalas; ihr Hauptziel, für das sie wochen- und monatelange Strapazen auf sich nehmen, ist dieser Yokhang-Tempel. In ihm wollen sie mit der Stirn die Buddha-Statue oder wenigstens den Steinsockel, auf dem sie steht, berühren. Auf keiner meiner 22 Expeditionen hatte ich soviel Ehrfurcht und Frömmigkeit vor einer Figur beobachtet. Ich erinnerte mich an so manchen Wallfahrtsort bei uns, wo die Menschen genauso zu ihren Heiligen beten und diese um Hilfe anflehen. Aber meistens nur in Notfällen, wenn jemand aus der Familie oder sie selbst schwer krank werden oder ein Unheil erlitten haben. Dann erinnern sich so manche wieder daran, daß sie als Kind einmal beten gelernt haben, und daß es vielleicht doch ein überirdisches Wesen gibt, das unser Schicksal lenkt. Nach dem Beten wird dann eine Kerze angezündet und vielleicht Geld in den Opferstock geworfen, aber dann wendet man sich sehr schnell wieder den weltlichen Dingen zu – im Gegensatz zu den Tibetern, die in ihrem Glauben leben. Sie können noch wirklich

Pilger am Eingang des Yokhang-Tempels. ▶

beten, sich lange Zeit in sich versenken, die Zeit spielt im Gegensatz zu uns überhaupt keine Rolle.

Einige der Männer und Frauen hatten sich farbenprächtig geschmückt, die Männer büschelweise mit roten Wollfäden, die sie sich um den Kopf geschlungen hatten oder in langen Zöpfen trugen. Die Frauen hatten ihr hüftlanges Haar in 108 – wieder diese magische Zahl – dünne Zöpfe geflochten, in einigen Zöpfen steckten große Türkise. In den Ohren der Männer und Frauen hingen wunderschöne Korallengehänge. Dieser wertvolle Schmuck, der immer wieder vererbt wurde, war ein scharfer Kontrast zu den Lumpen, in denen die Leute steckten.

Auf dem Dach des Yokhang, von dem sich ein malerischer Blick auf den Potala bot, bestaunte ich vor allem das »Rad der Lehre«, das zwischen zwei liegenden Gazellen steht. Sie sollen an die erste Predigt Buddhas im Gazellenhain in Sarnath, Nähe Benares, erinnern, wo Buddha das Rad der Lehre in Bewegung gesetzt hat. Die freien Felder zwischen den Speichen symbolisieren die acht buddhistischen Tugenden, nämlich das rechte Sehen, das rechte Denken, die rechte Rede, die rechte Handlung, den rechten Lebenswandel, den rechten Eifer, das rechte Bewußtsein und die rechte Konzentration. In großer Verehrung steht bei den Tibetern auch der Drache. In ihrer Vorstellung beherrscht er die Meere und spendet den Menschen viele Gaben. Er reguliert den Regen und wohnt in großen Gewässern oder auf den Bergen. Im Frühling steigt er zum Himmel hinauf und verwandelt sich dort in Wolken, im Herbst kehrt er in seine Behausung zurück, die der Mensch aber nicht kennt. – Der Phönix ist das Symbol des ewigen Lebens, des Wohlwollens und der Güte. Sein Erscheinen auf der Erde verheißt den Menschen Frieden und Wohlstand. – Die

◀ *Der Yobo-Buddha, eine überlebensgroße Statue, die mit vielen Edelsteinen verziert ist.*
Diese heilige Figur spielt auch in der heutigen Politik eine Rolle, weil sich die Chinesen durch dieses Geschenk darauf berufen, daß Tibet durch die Heirat einer chinesischen Prinzessin zu China gehört.

Lotosblume kennzeichnet die Reinheit, die Befruchtung und die Unsterblichkeit, außerdem ist sie das Sinnbild des Sommers und die heilige Blume, auf der die Götter wandeln.

Bevor ich Lhasa verließ, suchte ich noch den Norbulingka, den Sommerpalast des Dalai Lama, auf. Herrlich die Wandfresken mit Stationen aus dem Leben des Gottkönigs und aus der Geschichte Tibets. Sein Bett wird immer so parat gehalten, als ob er jede Minute zurückkommen und es benutzen würde. Im Hof, so hörte ich, hatten lange Zeit zwei Autos – Geschenke von Freunden – gestanden, die zerlegt über die Pässe bis hierher geschafft worden waren. Echt war an diesem Platz leider nicht mehr recht viel, am wenigsten die Mönche. In den tibetischen Kutten steckten vom chinesischen Staat bezahlte Aufpasser.

Anschließend besuchte ich noch Drepung. Das Kloster soll vor der Kulturrevolution das

Auf dem Dach des Yokhang-Tempels stehen diese heiligen Figuren, zwei Gazellen, zwischen ihnen das Rad der Lehre. Diese Figuren sollen an die erste Predigt Buddhas im Gazellenhain in Sarnath, Nähe Benares, erinnern, wo Buddha das Rad der Lehre in Bewegung gesetzt hat.

◀ *Der Potala-Palast vom Dach des Yokhang-Tempels.*

Eingangstor zum Sommerpalast des Dalai Lama, dem Norbulingka bei Lhasa.

Eine der drei ältesten Gompas von Lhasa, der Yobo-Lubu, war total zerstört, wurde aber von den Tibetern in harter Arbeit wieder aufgebaut. In dieser Gompa werden heute wieder, wie einst, junge Tibeter ausgebildet. ▶

größte Kloster der Welt gewesen sein, in dem 10 000 Mönche lebten. Heute schlurfen dort nur noch ein paar alte Mönche verloren in den verbliebenen Gemäuern herum. Nachdem ich das größte Heiligtum des Klosters, eine etwa 30 cm lange Muschel, deren Windungen in umgekehrter Form als bei der üblichen verlaufen, bewundert hatte, machte ich mich auf den Weg nach Sera, der »dritten Säule« der tibetischen Klöster. 6000 Mönche hatten einmal dort gelebt, bevor es die Chinesen teilweise zerstörten. Heute leben nur noch wenig Mönche dort, und die meisten waren wiederum getarnte politische Kontrolleure. Einer entpuppte sich als derjenige, der mich schon am Potala abgewiesen hatte. Da er mich schikanierte, wo er nur konnte, sagte ich mir, der Klügere gibt nach, und radelte zum Hotel zurück. Vorher besuchte ich aber noch eine der drei ältesten Gompas von Lhasa, den Yobo-Lubu. In diesem Tempel wurden

früher und werden heute wieder junge Mönche ausgebildet. Im Hotel informierte mich der Wirt, daß die Polizei dagewesen war und sich nach dem Bärtigen mit dem besonderen Rad erkundigt hatte. Sie verlangte, daß ich am nächsten Tag zur Station kommen und das Rad mitbringen sollte!

Ich konnte zwei und zwei zusammenzählen: Ohne Dokument für das Fahrrad würde man mich im günstigsten Fall sofort nach Nepal zurückbefördern, im ungünstigsten in irgendein finsteres Gefängnis werfen. In Windeseile packte ich meine Habseligkeiten zusammen, und ab ging's noch in der Nacht nach Norden in Richtung Golmud, meinem Endziel. Die Stadt liegt unterhalb der tibetischen Hochebene in der Tsaidam-Senke in der Provinz Qinghai. Bis dahin hatte ich noch einiges zu radeln, 1400 Kilometer lagen vor mir. Größere Probleme erwartete ich allerdings nicht, denn fast die gesamte Strecke sollte nach den In-

Chinesische Militärfahrzeuge staubten mich immer wieder ein. Schon von weitem sah ich ihre Staubfahne und versuchte, mich außer Sicht- bzw. Staubweite zu bringen.

Kleiner Salzsee im tibetischen Hochland.

formationen, die mir zugänglich waren, asphaltiert sein.

Die nächste Stadt, die ich erreichte, war Damxung. Sie trug schon ausgeprägte chinesische Züge. Vor der Stadt stieß ich auf den Nam Tso, einen in 4500 Meter Höhe liegenden Salzsee, aus dem in früheren Jahrhunderten Salz gewonnen worden war, das Ziegen- und Yak-Karawanen bis Nepal und Nord-Indien transportierten. Im Gegenzug kamen von dort Seide, Butter und Trokkenfrüchte ins Land.

In Nagqu hatte sich dann die Landschaft total verändert. Waren vorher immer wieder hohe Pässe zu überwinden, so wurde es jetzt immer flacher. Dazwischen tauchten immer wieder einzelne kleine Seen auf, die aus Schmelzwasser entstehen. Der Wind pfiff jetzt ungehindert von früh bis spät über die trostlose Weite, die aber auch ihren besonderen Reiz hatte. Wegen meiner großen

Packsäcke bot ich dem Wind eine breite Angriffsfläche und mußte daher mit aller Kraft in die Pedale treten. Hie und da sah ich am Horizont eine Yak-Karawane wie in alten Zeiten.

Die Dörfer lagen weit auseinandergezogen, und es wurde immer schwieriger, Nahrungsmittel zu bekommen. Auch Wasserläufe fand ich kaum noch. Da ich wegen der enormen Anstrengung viel Hunger und Durst hatte, mußte ich eine Menge von Lebensmitteln und stets 10 bis 15 Liter Wasser mit mir führen. In Lhasa hatte ich zum Glück Nüsse kaufen können. Aus ihnen bestanden zusammen mit Gerstenmehl meine Hauptmahlzeiten. Da ich dauernd in einer Höhe zwischen 4500 und 5300 Metern radelte, kostete mich mein jetzt mehr als 60 kg schweres Fahrrad mehrfache Anstrengung. Meine Kilometerleistung pro Tag wurde immer geringer, was mich zwar nicht störte, mir aber doch deutlich zeigte, daß meine Kräfte nachließen.

Wieder einmal einen Paß geschafft, hier den 5165 Meter hohen Tang-La.

Dann erreichte ich die kleine Stadt Amdo, die mit dem in der Nähe gelegenen See Kuku Nor in die Geschichte eingegangen ist, weil dort am 6. Juli 1935 der 14. und heutige Dalai Lama geboren wurde. Außerdem soll diese Gegend, die zur Provinz Kham gehört, das Ursprungsland der Sherpa sein. In Amdo konnte ich Reis und Zwiebeln kaufen, außerdem gab es eine richtige Herberge. Grölende, alkoholisierte Chinesen, Touristen aus Peking und Hongkong, ließen mich keinen Schlaf finden. Ich bat sie um Ruhe, was aber nichts bewirkte. So sperrte ich sie in ihrem Zimmer ein, wo sie völlig betrunken kreuz und quer herumlagen. Als sie am Morgen nicht schnell genug »aufs Häusl« hinunter kamen, lehnte der Wirt eine Leiter ans Fenster. Unter dem Gejohle der Einheimischen rumpelte einer nach dem anderen, so schnell er mit seinem dumpfen Kopf vermochte, die Leiter hinab und verschwand hinter der nächsten Hausecke.

Hinter Amdo schlängelte sich der Tang-La-Paß bis auf 5165 Meter Höhe hinauf. Ich schaute auf die Karte. Golmud war von hier noch ungefähr 600 Kilometer entfernt. Das stimmte auch. Was aber nicht stimmte, war, daß es der Einzeichnung nach bis zu der in einer Senke liegenden Grenzstadt nur noch bergab ging. Tatsächlich warteten aber nochmals zwei mehr als 5000 m hohe Pässe auf mich. Das hieß also, noch zweimal jeden Meter, den ich zuvor bergab gefahren war, auf der anderen Seite wieder hinaufschieben.

In dieser lebensfeindlichen Gegend traf ich auf einen völlig allein am Wegrand sitzenden Tibeter, der Wasser über brennenden Autoreifen und einem kleinen Ast kochte. Er lud mich ein, mit ihm Tee zu trinken, und nachdem ich alle leeren Wasserflaschen mit dem nach Gummi schmeckenden Tee gefüllt hatte, wollte er sich nicht einmal bezah-

Wie eine Fata Morgana saß plötzlich an der Straße ein Tibeter, der mich zum Tee einlud. Woher er kam und wohin er ging, konnte ich nicht in Erfahrung bringen.

len lassen! Wovon dieser Mann lebte und warum er hier saß, war mir rätselhaft.

Der Wind stürmte jetzt immer heftiger, und ich war sehr froh über ein Wegmacherhäuschen am Straßenrand. Als wild kläffende Hunde auf mich losstürmten, kamen fünf Männer heraus und beruhigten die Tiere. Gerne nahm ich ihre Einladung einzutreten an, besonders, weil ich bei ihnen auch etwas zum Essen und Trinken kaufen wollte.

Als ich meine Route und mein Ziel mit Gesten erklärt hatte, bestand einer der Männer darauf, meinen Paß und die Fahrradgenehmigung zu sehen. Zum Nachdruck wies er sich als Polizist aus. Die Umstehenden waren beeindruckt, ich der Panik nahe. Der Mann konnte den Paß und das Visum genau lesen und fragte dann nach dem Dokument für's Fahrrad. Aufgeregt suchte ich nach dem, was ich nicht besaß. Als ich schließlich treuherzig verkündete, ich hätte es wohl verloren, schenkte man mir – so schien es – Glauben. Zur Entspannung der Lage spendierte ich der ganzen Runde einige Flaschen Bier. Dennoch wollte keine rechte Stimmung aufkommen. Glaubte man mir doch nicht so recht? Ich erzählte frech, daß ich bis gestern sämtliche Kontrollposten mit meiner Genehmigung ohne Schwierigkeiten passiert hätte, und machte ein betroffenes Gesicht ob des Mißgeschicks. Da machte sich der Polizist vor den anderen wichtig und – es geschehen noch Zeichen und Wunder –, damit ich nicht belästigt würde, stellte er mir auf einer alten Schreibmaschine eine neue »Genehmigung« aus, auf der nur der Stempel fehlte. Den machte ich mir später durch einen schnell zurechtgeschnittenen Kartoffel-Stempel und die Mine meines Kugelschreibers selbst drauf.

Man gab mir das beste Zimmer. Große Fotos von Marx, Lenin, Stalin und Mao zierten die Wände. Es gab in diesem Zimmer keines der in jedem tibetischen Haus üblichen Hausaltärchen. Diese Menschen hier waren also keine echten Tibeter mehr, von ihren Landsleuten werden sie treffend »die Doppelköpfigen« genannt.

Da ich sehr müde war, legte ich mich früh schlafen. In der Nacht wurde ich durch ein Geräusch wie das von Glocken geweckt. Neugierig ging ich den Tönen nach und sah im Nebenzimmer im Schein einer Taschenlampe den Wirt, der die Reste aus den Bierflaschen in eine neue Flasche zusammenschüttete, um sie erneut zu verkaufen. Der Wirt erschrak und bat jämmerlich, Stillschweigen darüber zu bewahren. Ich mußte lachen, als ich Praktiken einer der berühmtesten Bierschänken der Welt hier oben auf dem Dach der Welt entdeckte.

Der Wirt verwöhnte mich am Morgen mit einem fürstlichen Frühstück. Das Yak-Fleisch und die Eier schmeckten vorzüglich. Wenn nur das schwerverdauliche Speiseöl nicht gewesen wäre! Ich war zwar etwas mißtrauisch, hoffte aber, daß es schon gutgehen würde. Aber schon am späten Nachmittag bekam ich eine fürchterliche Diarrhöe. Mein Körper wurde in den nächsten Tagen bis zum Letzten ausgelaugt. Dazu kamen die Höhe, die Kälte und der Gegenwind. Weil wieder ein Sturm aufkam, schlug ich mein Zelt auf und verkroch mich darin. 4850 Meter zeigte der Höhenmesser. Alles drehte sich um mich, mir war hundeelend.

Drei Tage und Nächte lag ich im Zelt, dann war mein Wasser zu Ende, und ich mußte versuchen, weiterzukommen. Als ich aus dem Zelt kroch und mich auf wackeligen Knien mühsam aufrichtete, merkte ich, daß ich viel zu schwach war, das Zelt abzubauen und das Rad zu schieben. Ich ließ alles zurück und quälte mich, gestützt auf mein Fotostativ, in die Richtung, in der ich ein Dorf vermutete. Plötzlich stand ein tibetischer Hirtenhund vor mir. Ich glaubte, er wolle mich beißen, und hielt ihm abwehrend das Stativ entgegen. Doch er winselte nur, machte kehrt und lief davon. Ich sah noch, wie er hinter einer Sanddüne verschwand. Ich schleppte mich weiter, war aber nach kurzem am Ende meiner Kraft. Als ich mich hinsetzte und nach Luft rang, entdeckte ich, daß eine Yak-Karawane auf mich zukam. Ich war so schwach, daß ich mich nicht einmal mehr bemerkbar machen konnte. Gott sei dank sahen mich die beiden Begleiter, denn ihr Hund lief auf mich zu – es war derselbe, den ich zuvor vertrieben hatte.

Sie erkannten sofort, was mit mir los war. Ich war viel zu erschöpft, um mich über ihr Tun zu wundern. Sie bauten mein Zelt ab und luden es samt Gepäck auf die Yaks. Ohne zu fragen, setzten sie mich auf das Reittier und schoben mein Rad hinterher. Nach zwei Stunden erreichten wir

Dem Führer dieser Yak-Karawane habe ich wahrscheinlich mein Leben zu verdanken. Kam der Hund zufällig, oder hatte er eine Art 6. Sinn? ▶

in einer Senke ein Dorf. Offenbar waren die Männer dort bekannt. Man brachte mich mit dem Gepäck in eine leere Hütte, wo ich mich sofort in meinen Schlafsack verkroch. Eine Frau trat ein. Mit einer grob geschmiedeten Nadel stach sie mir an mehreren Stellen in den Körper. Nach etwa zwei Stunden kam sie wieder. Ich hatte während der ganzen Zeit geschlafen. Jetzt flößte sie mir eine übelstinkende, zähflüssige »Medizin« ein, die mir eher wie eine Mischung aus Menschen- und Hundekot vorkam! Ein junges Mädchen, das offenbar ihre Tochter war, saß Tag und Nacht bei mir und hielt meine Hand. Später erfuhr ich, daß sie die Kunst der Puls-Diagnose beherrschte. Immer, wenn es mir schlechter ging, informierte sie ihre Mutter.

Am Abend und in der Nacht wiederholte diese die Prozedur, stach mich jedesmal wiederholt mit der Nadel, und morgens gab man mir Gersten-

Während ich in der Hütte gesund gepflegt wurde, bewachte dieser Junge mein Fahrrad.

mehl in Yak-Milch verrührt. Es war wie ein Wunder, aber nach drei Tagen war ich wieder der alte und konnte mein Rad besteigen. Die Frau, die mich gesund gepflegt hatte, erklärte mir, ich könne getrost weiterziehen, sie habe die Krankheit in die entgegengesetzte Richtung vertrieben. Für die Männer von der Yak-Karawane war es eine Selbstverständlichkeit, zu bleiben, bis sie sich überzeugen konnten, daß ich wieder in Ordnung war. Auch für die Menschen im Dorf war es selbstverständlich, daß man einen völlig Fremden tagelang pflegte und ihm half. »Taschi Dellek« riefen sie mir alle zu, als ich mich auf mein Fahrrad setzte, und ehe ich mich versah, waren sie in ihren Hütten verschwunden.

Meine weitere Fahrt verlief reibungslos – bis auf die letzte Paßhöhe vor Golmud. Auf 5231 Meter Höhe machte ich Rast. Als ich fotografierte, hielt plötzlich ein Jeep neben mir, und drei uniformierte Männer stiegen aus. In sehr gutem Englisch teilte mir der Ranghöchste mit, er habe den Auftrag, mich zu kontrollieren. In seiner Dienststelle seien mehrere Meldungen eingegangen, wonach ein einzelner Mann mit Bart in Richtung Golmud fahre. Man zweifle, ob er die Genehmigung dafür besitze. Ganz selbstbewußt zeigte ich dem Mann daraufhin meine »Genehmigung«, wobei ich allerdings nicht wußte, was draufstand. Der Polizist las den Text mehrmals durch, hielt das Papier gegen die Sonne und meinte dann, eine solche Genehmigung habe er noch nie gesehen. Ich bedauerte, daß er die Dokumente seines Landes nicht kenne. Diese Bemerkung konnte ich mir erlauben, weil das Ersatzpapier nicht datiert war und deshalb bereits an der nepalesischen Grenze ausgestellt sein konnte.

Der Polizist war nicht dumm. Er ließ mich zwar weiterfahren, nahm das »Dokument« aber zur Überprüfung mit. Sollte ich so kurz vor dem Ziel noch umkehren? Ich entschloß mich, das volle Risiko einzugehen, und fuhr Richtung Goldmud weiter.

Ich war noch nicht lange unterwegs, als eine Horde wilder Hunde auf mich zustürzte. Es entspann sich ein regelrechter Kampf, der erst endete, als ich einige mit dem Stativ getroffen hatte und sie heulend abzogen. Einer von ihnen hatte sich allerdings ins Hinterrad verbissen. Als ich auch ihn verjagt hatte, sah ich die Bescherung. Mantel und Schlauch waren zerfetzt und nicht mehr zu gebrauchen. Mir schwante nichts Gutes. Etwas leichtsinnig hatte ich bei früheren Pannen die defekten Reifen einfach weggeworfen, obwohl ich sie hätte noch reparieren können. Jetzt mußte ich den letzten Satz montieren. Ereignete sich noch ein größeres Mißgeschick, dann saß ich endgültig fest.

Meine Nerven und Glieder waren ziemlich überstrapaziert, als ich weiterradelte. Langsam wurde es wärmer, als ich das tibetische Hochpla-

Diese drei chinesischen Polizisten, die auf der Suche nach mir waren, wollten unbedingt meine »Genehmigung« sehen.

Der Markt von Golmud. Hier erfüllte ich mir einige meiner bescheidenen kulinarischen Wünsche. ▶

teau nach Norden verließ. Durch eine lange Gebirgskette hindurch kurvte ich in die Tsaidam-Senke hinunter. Doch statt grüner Wiesen breitete sich eine Wüste aus. Am Horizont: Golmud. Die lärmende, stinkende Stadt liegt an einem ehemaligen Handelsweg, der zur alten Seidenstraße führt. Eine Bahnlinie endete hier, Kamelkarawanen zogen von hier in die Wüste.

Für mich war dies der Endpunkt meiner Reise. Wie ich später erfahren sollte, war mir damit die erste Alleindurchquerung von Tibet mit dem Fahrrad gelungen – nicht Ziel und Sinn all meiner Strapazen. Ich hatte mir meinen Traum erfüllt! Mir war aber auch bewußt, daß ich eine solche mörderische Tour mit dem Fahrrad nie mehr wieder würde unternehmen können, denn auch ich werde nicht jünger…

Solche und ähnliche Gedanken gingen mir durch den Kopf, als ich am Markt auf der Terrasse

Golmud – mein Ziel ist erreicht. Das Fahrrad ist in dieser chinesischen Stadt, die in der Tsaidam-Senke liegt, wie in ganz China, das beliebte und oft einzige Fortbewegungsmittel.

广州理发店

eines kleinen Restaurants saß und einen Joghurt nach dem anderen in mich hineinschüttete. Ein paar Meter von mir entfernt zog ein barfüßiger »Doktor« mit Mundschutz einem alten Mann, der auf einem wackeligen Stuhl saß, ein paar Zähne, ein anderer quälte sich mit seinem Fahrrad vorbei, der auf dem Gepäckträger ein komplettes, geschlachtetes Schwein transportierte. Da immer noch ein starker Wind blies, liefen die meisten Chinesen mit Mundschutz herum, denn der Wüstensand dringt bis in den letzten Winkel der Stadt ein.

Auf der Suche nach einem Hotel fuhr ich an einer großen Tafel mit chinesischen Zeichen vorbei, die ich nicht lesen konnte. Wie ich erfuhr, bedeuteten sie »Hotel«. Nachdem ich mich eingemietet hatte, mußte ich feststellen, daß hier alle Reisegruppen aus Europa übernachteten.

In diesem Hotel gab es sogar eine Dusche. Als ich mich nach langer Zeit wieder mal im

Mein Fahrrad vor meinem Hotel in Golmud, das mir beinahe zum Verhängnis wurde.

◀ *Bei dieser mongolischen Nomadenfrau verbrachte ich einige Tage.* ▶

Spiegel betrachtete, erkannte ich mich selbst kaum, so verwildert und abgemagert sah ich aus. Allmählich verwandelte auch ich mich wieder in ein zivilisiertes Wesen. Als ich mich einigermaßen erholt hatte, und ich es in dem Hotel nicht mehr aushielt, fuhr ich mit dem Rad in die Umgebung der wenig reizvollen Stadt.

Zum ersten Mal in meinem Leben traf ich auf eine mongolische Nomaden-Familie, die noch in einer traditionellen Jurte lebte, die aus dicken, gewebten Schafwollbahnen gefertigt werden. Daneben, in einem Pferch mit Dornengestrüpp, befanden sich die Schafe und Ziegen. In der Jurte wohnte eine alte Frau, die mich freundlich einlud, ihr Gast zu sein. Der einzige Schmuck dieses runden Wohnraumes war der obligate Hausaltar mit einer aus Yak-Knochen geschnitzten Figur, dem Schutzgeist und Glücksbringer. Zwei Tage verbrachte ich hier, wobei ich erfuhr, daß Mann und Tochter dieser Frau auf der Suche nach neuem Weideland mit den Tieren wahrscheinlich umgekommen waren, denn eines Tages waren die Tiere allein mit dem Hund zurückgekommen. Die Frau aber verließ ihren Platz nicht in der Hoffnung, daß ihre Angehörigen doch noch zurückkehrten.

Als ich nach drei Tagen wieder ins Hotel zurückkam, wurde ich gleich vor der Polizei gewarnt. Während mir australische Touristen noch vom Besuch der Gesetzeshüter erzählten, tauchten schon zwei Polizisten auf und postierten sich neben mir. Sie hatten den Auftrag, mich zu bewachen und am nächsten Tag mit dem Lkw nach Amdo zurückzubringen. Dort sollte ich wegen meiner ungültigen Genehmigung genauestens unter die Lupe genommen werden. Sie setzten sich an den Eingang des Hotels und paßten auf, daß ich keinen Fluchtversuch machte.

Nach langem Hin- und Herüberlegen fiel mir als letzte Hoffnung nur noch der Alkohol ein. Ich bot den beiden eine Flasche Bier an, die sie nach einigem Zögern annahmen. Dann beauftragte ich den Kellner, ihnen soviel Bier zu geben, wie sie wollten. In der Nacht um drei Uhr waren sie schließlich so betrunken, daß sie Arm in Arm fest unter der Theke schliefen. Ein Australier, dem ich meine Lage erklärt hatte, half mir beim Verschwinden aus dem Hotel. So verließ ich Golmud noch in der Nacht. Das Katz- und Maus-Spiel konnte erneut beginnen!

Der Kontrollposten vor der Stadt war kein Problem für mich. Nach etwa fünf Kilometern sah ich auf einem Parkplatz einen Lkw, dessen Fahrer soeben aufgewacht war und starten wollte. Ich hielt ihm einen Geldschein unter die Nase und machte ihm unmißverständlich klar, daß er mich samt Fahrrad mitnehmen sollte. Der Geldschein tat seine Wirkung, und so lud ich mein Rad auf die Ladefläche und setzte mich zu ihm ins Führerhaus.

Hochgestellte Lamas kommen aus dem Tempel.

Etwa fünf Stunden Vorsprung vor den Polizisten von Golmud sollten reichen, wenn wir weiter so zügig vorankamen. Vom Lkw aus wirkte die Landschaft ganz anders als zuvor vom Fahrrad aus oder zu Fuß. Ich erkannte nur noch wenige Plätze wieder, aber der einsame Teeverkäufer war noch da. Die Menschen auf den Feldern huschten vorbei – um wieviel näher hatte ich sie erlebt, als ich herfuhr.

In Amdo hatte ich Glück. Zwar wurden der Lkw und somit auch ich überprüft, aber niemand vermutete, daß ich der gesuchte Radfahrer war, niemand schaute unter die Plane, wo mein Fahrrad lag. Die Nacht verbrachten wir auf einem großen Parkplatz. Noch vor Sonnenaufgang ratterten wir zügig weiter. So konnten wir am Abend in

Lhasa sein. Für die Strecke Lhasa – Golmud hatte ich noch 19 Tage gebraucht...

In Lhasa wohnte ich wieder im gleichen Hotel wie auf der Herfahrt. Mehrere Radfahrer waren da, die ebenfalls an der nepalesisch-tibetischen Grenze gestoppt wurden. Sie hatten es allerdings nicht gewagt, die Plombe zu entfernen, und die Räder auf den Omnibus geladen. Nun warteten sie auf die Genehmigung, wenigstens nach Kathmandu zurückfahren zu dürfen. Eine Gruppe hatte besonderes Pech. Ihre verplombten Räder hatte man so ungünstig auf den Bus gelegt, daß diese sich in einer Telefonleitung verfingen und dabei arg ramponiert wurden. Ihre Hoffnung auf eine Reparaturmöglichkeit in Lhasa war vergeblich.

Durch Zufall erfuhr ich in der Stadt, daß in Gyantse ein Fest zu Ehren Buddhas gefeiert wird: Buddhas Geburtstages wie auch seines Todestages wird am ersten Vollmondtag des vierten tibetischen Monats gedacht. 1987 war dies der 11. Juni. Das Fest dauert sieben Tage, die ersten drei Tage sind religiösen Feierlichkeiten vorbehalten, die restlichen vier vergehen mit sportlichen Darbietungen. Begeistert von diesen Schilderungen schwang ich mich bereits am nächsten Tag wieder auf mein Rad und erlebte dann einen Abschluß meiner Tibet-Reise, wie ich ihn mir schöner nicht hätte wünschen können.

Dieses Fest erlebte ich von Anfang bis zum Ende, denn ich stand ja unter keinem Zeitdruck. Meine Hunderte von Fotos betrachte ich heute als Dokumente eines Zeremoniells, wie sie wohl keinem anderen gelungen sind, da die Gegend Sperrgebiet gewesen und das Fest 30 Jahre lang von den Chinesen verboten war. Es war eine einzigartige religiöse Veranstaltung, die da vor einer großartigen Kulisse, mit der riesigen Thanka-

Sie spielen auf ihren Instrumenten und führen zu Ehren Buddhas die Tscham-Tänze vor.

Mauer als höchstem Punkt, stattfand. Der vierzehnstöckige Tempel von Gyantse hat die Kulturrevolution heil überstanden. Vier Augenpaare schmücken den Bau, sie symbolisieren den im Verborgenen bleibenden, aber in alle Himmelsrichtungen blickenden Buddha.

In einer feierlichen Prozession geleiteten am Nachmittag des ersten Tages buntgekleidete Mönche ihren obersten Vorsteher zu einem erlesen geschmückten Stuhl, vor dem ein großer Haufen Yak-Dung gestapelt war. Während Gebete gesprochen wurden, spielten zwischendurch immer wieder Mönche auf Muschelhörnern, Schalmeien und ähnlichen Blasinstrumenten eine für unsere Ohren fremd und geheimnisvoll klingende Musik. Dann wurde der Yak-Dung angezündet. Der Abt verbrannte in dem Feuer Gebetsfahnen, kleine Gerten und Kräuter. Der Rauch sollte Gebete und Opfergaben zu den Göttern bringen.

Tänze bestimmten das Bild des zweiten Tages. Wie bei jedem tibetischen Fest eröffneten die Schwarzhuttänzer das Zeremoniell. Die Überlieferung sagt, daß im Jahre 842 n. Chr. in Tibet ein König regierte, der die buddhistischen Mönche verfolgte, sie foltern und töten ließ. Ihre Klöster seien geplündert und niedergerissen, alte Schriften verbrannt und wertvolle Malereien zerstört worden. Nur wenige Mönche seien übrig geblieben, von denen einer eine Vision hatte: Er solle sich ganz schwarz kleiden und sein weißes Pferd mit Ruß schwärzen. Zu seinem schwarzen Kleid hätte der Mönch einen schwarzen Hut mit weiter Krempe getragen, in seinem weiten Gewand Pfeil und Bogen verborgen gehalten. In Lhasa, wo der König regierte, habe er sich während eines Festes unauffällig unter die Menge gemischt. Da der schwarzgekleidete Mann so hervorragend tanzte, daß alle aufmerksam wurden, habe der König ihn

Die langen tibetischen Baßhörner.

◀ Bei jedem Neujahrsfest wird symbolisch alles Schlechte des vergangenen Jahres in dem heiligen Feuer, das aus Yak-Dung genährt wird, verbrannt.

Ein junger Lama bläst auf einer schön verzierten Muscheltrompete. Sie gilt als Zeichen des Sieges.

*Der ranghöchste Lama des Klosters von Gyantse. Er erlaubte mir, während des Festes zu fotografieren.
Von ihm erfuhr ich, daß der Dalai Lama auf seiner Flucht auch hier war.* ▶

◀◀ *Die »Schwarzhuttänzer«. Die Totenköpfe an den schönen alten Seidengewändern sollen an die Vergänglichkeit des Menschen erinnern. Der Donnerkeil ist das Symbol der Kraft.*

zu sich gerufen. Dies sei das Ziel des Mönchs gewesen. Als er direkt vor dem verhaßten Herrscher stand, habe er ihn mit Pfeil und Bogen getötet und sei im Tumult verschwunden. Seine Verfolger habe er täuschen können, weil er die weiße Innenseite seines Mantels nach außen gekehrt habe und sein Pferd, das er durch den Fluß trieb, wieder weiß geworden sei.

Zur Erinnerung daran tanzen auf jedem Geburtstagsfest Buddhas die Schwarzhuttänzer zuerst. Neben den Hüten tragen sie geschmückte schwarze Kleider mit verschiedenen Geisterfiguren darauf. Zu ihrer Kleidung gehört eine Schürze, auf der wilde Raubtiergesichter mit aufgerissenen Augen, stumpfer Nase, aufgesperrtem Rachen, gefletschten Zähnen und rollender Zunge abgebildet waren.

Zunächst sprengten die Schwarzhuttänzer ein Getränkeopfer in alle zehn tibetischen Himmelsrichtungen. Dann umtanzten sie ein seltsames totes Tiergebilde, aus dem später Gedärme herausquollen. Das Tier, ein Fantasiegebilde, war mit Stricken an zwei Seiten befestigt, doch die Eingeweide waren echt. Der Schwarzhuttanz ist ein Abwehrtanz gegen Krankheiten und negative Einflüsse von Geistern und Gestirnen. Während die Tibeter jede Bewegung der Tänzer genau und ehrfürchtig verfolgten, kamen sie mir manchmal vor wie Kinder, die unter dem Christbaum stehen.

Auf die Vorführungen der Schwarzhuttänzer folgten andere kultische Tänze mit farbenfrohen Gewändern und fantasievollen Tiermasken. Der Tibeter glaubt, daß Geister und Gottheiten in den tanzenden Lama eindringen. Immer wird durch die Ausdrucksweise des Körpers der Sieg des Guten über das Böse dargestellt. Die Tiermasken der Tänzer symbolisieren im tibetischen Volksglauben die Vorbereitung auf Bardo. Dies ist

Der Tanz der »Schwarzhüte« ist die Krönung des buddhistischen Klosterfeste. ▶

Shindshe, der Totengott.

Tänzer mit Büffelmasken. Sie sind Shindshes Begleiter.

Lama beim Tscham-Tanz.

◄ *Totentänzer.* ►

◀◀ *Teepause der Tänzer. Sie sitzen auf schönen alten Teppichen, die hier in Gyantse geknüpft werden.*

Der wunderbare Thanka von Gyantse. Er stellt den Gott Chenresi dar. ▶

Die Tibeter glauben, daß der Dalai Lama die Inkarnation des Chenresi, des Gottes der Güte und der Gnade, ist. Ehrerbietig berühren die Besucher des Festes die Wand und den Thanka mit der Stirn.

ein Zustand zwischen Tod und Wiedergeburt. Während dieses Stadiums begegnet der Tote tierköpfigen Gestalten, die ihn verwirren und von einer Wiedergeburt abhalten wollen.

Die Masken von Gottheiten dürfen nur von verdienstvollen Lamas getragen werden. Fast alle diese Tänzer tragen einen Donnerkeil, eine Glocke oder eine Lotosblüte in der Hand. Die Hauptrolle im kultischen Tanz kommt dem Vorsteher des Klosters zu. In Gyantse trug er die Maske eines Skeletts, die an die Vergänglichkeit des Menschen erinnern soll.

Das Faszinierendste ereignete sich am dritten Tag. Noch vor Sonnenaufgang wurde an der großen Thanka-Wand ein etwa 40 Meter langer und 35 Meter breiter Thanka mit dem Bild des Chenresi entfaltet, des Buddha des großen Mitleids, der immer in Not angerufen wird. Ein großer Pilgerstrom bewegte sich dann hinauf auf den

Berg zur Thanka-Wand. Es war offenbar Pflicht, daß jeder, während er Gebete sprach, dieses riesige, etwa 200 Jahre alte, auf Leinen mit Naturfarben gemalte Bild mit der Stirn berührte. Auch hinterließen die Gläubigen kleine Amulette und die weißen Glücksschleifen auf dem Platz. Einige Mönche hatten schon einen kleinen Altar aufgebaut, den viele kleine Butterfiguren schmückten. Dort beteten sie mit den Pilgern.

Sobald die Sonne sich zeigte, wurde der große Thanka wieder emporgezogen und für ein Jahr in der eigens dafür erbauten Wand bis zum nächsten Jahr aufbewahrt.

Am Rande dieser Festlichkeit erlebte ich eine bewegende Geschichte. Unter den vielen Mönchen und Zuschauern befanden sich zwei, die einander lange gesucht hatten. Der eine war der Vater, der andere sein Sohn, der in ein Kloster eingetreten war. Dort hatte er einen anderen Namen annehmen müssen und war im Laufe der Zeit in verschiedene Klöster gekommen. Seine leiblichen Eltern hatte er nicht mehr sehen dürfen. Doch sein Vater, inzwischen alt und gebrechlich, hatte vor seinem nicht mehr allzu fernen Tod seinen Sohn noch einmal wiedersehen wollen. Er hatte sich ein Pferd genommen und viele Klöster Tibets abgesucht. Hier in Gyantse fand er ihn endlich. Er war bereits mehr als ein Jahr unterwegs gewesen. Die beiden lagen einander lange Zeit in den Armen und gingen dann stumm, jeder in eine andere Richtung, davon. Beide hatten Tränen in den Augen – es war ein Abschied für immer.

Mit Tauziehen, Pferderennen und Bogenschießen vergingen die nächsten Tage. Das war höchst amüsant. Besonders hatten es mir die Reiter angetan: leichte, junge Burschen mit ihren kleinen Pferden. Beide wurden für die Wettkämpfe bunt geschmückt. Solange es um nichts ging,

Für jeden Pferdebesitzer ist es eine Selbstverständlichkeit, bei dem Fest mitzumachen. Natürlich hat er die alten Waffen wie Pfeil und Bogen dabei, die er neben der Satteltasche auf dem schön geschmückten Pferd befestigt hat.

◀ *Festlich gekleidete und frisierte Tibeterinnen*

Nachdem der religiöse Teil des Festes beendet war, begann der sportliche Teil. Unterhalb der alten Burg reiten die jungen tibetischen Burschen mit ihren farbenfroh geschmückten Pferden ein. ▶▶

Dieser junge Tibeter gewann das traditionelle Pferderennen.

standen die Tiere scheinbar teilnahmslos herum, so daß ich ihnen am liebsten etwas Hafer zur Aufmunterung gegeben hätte. Doch in dem Augenblick, in dem der Reiter aufsaß, waren sie nicht wiederzuerkennen. Mehrere kräftige Männer waren erforderlich, um sie bis zum Start festzuhalten. Sobald die Flagge sich senkte, schossen sie wie verrückt davon. Die Reiter saßen meist nur auf einfachen Decken und ließen überraschenderweise die Zügel hängen. Im Gleichtakt schlugen sie während des ganzen etwa drei Kilometer langen Laufes den Pferden mit dünnen Ruten links und rechts auf die Schenkel. Einzige Lenkhilfen waren die Absätze der Schuhe.

Dann die Bogenschützen, die ebenfalls auf Zügel verzichteten. Sie galoppierten auf einer markierten Linie so schnell es ging. Unmittelbar vor dem Ziel mußten sie einen Pfeil aus dem Köcher holen und dann auf eine etwa 40 Zentimeter große und rund zwei Meter entfernte Scheibe schießen, die seitlich der Linie stand. Rund 20 Meter weiter wartete eine zweite Scheibe. Dabei zeigte es sich, wer den besten Kontakt zum Pferd hatte und am ruhigsten zielte. Einer der Reiter versuchte es sogar mit einem alten Vorderlader.

Zum Abschluß des Festes wurde ein Tanz-Schauspiel aufgeführt. Tibetisch waren dabei allerdings nur die Kostüme, bei den Darstellern handelte es sich um Mitglieder irgendeiner chinesischen Oper, die anscheinend Reklame für ihr Haus machen wollten. Zusammen mit einem Studenten, der mir die Aufführungen und die Texte erklärte, ging ich zum Vorsteher der Mönche, um mich dafür zu bedanken, daß ich fotografieren durfte. Er schenkte mir noch einen weißen Ehrenschleier, auf den ich sehr stolz war.

Dann lud ich den Studenten zum Essen ein. Er wußte ein Restaurant, das gutes Fleisch anbot. Wir hatten mächtigen Hunger, denn zum Essen war an den zurückliegenden Tagen keine Zeit geblieben. Das Fleisch schmeckte gut – bis ich erfuhr, daß es von Hunden stammte.

Die Pilger hatten sich wieder auf den Weg nach Hause gemacht. Nur ein alter Mann saß noch in zerlumpten Kleidern am Boden vor einem kleinen Feuer. Als ich freundlich grüßend mein Rad an ihm vorbeischob, streckte er mir eine tibetische Münze entgegen. Auf meine Frage, was er dafür haben wolle, meinte er, daß er mir die Münze schenke. Sie solle mir Glück bringen. Er selbst habe das große Glück gehabt, daß er dieses Fest nach sehr, sehr langer Zeit noch einmal erleben durfte. Als junger Mann sei er schon einmal auf diesem Fest gewesen, nun sei es wohl das letzte Mal gewesen. Er würde sich nur wünschen, daß alles, was in der Zwischenzeit an Terror und Zerstörung über sein Land gekommen sei, nur ein böser Traum gewesen wäre, und daß der Dalai Lama immer noch als ihr Beschützer im Potala sei. Einen anderen Wunsch hätte er nicht.

Während ich mit meinem Rad wieder allein unterwegs war, mußte ich oft über diese Worte nachdenken, wenn ich daran dachte, was alles in dieser unserer Welt tagtäglich passierte...

Je mehr sich meine Reise dem Ende zuneigte, desto mehr merkte ich nun doch die Strapazen, die hinter mir lagen. Immer schwerer wurden mir die Beine, als ich in Richtung nepalesischer Grenze strampelte. Ich freute mich, als ich wieder in das Dorf kam, wo ich auf der Herfahrt Freunde gewonnen hatte, als ich einige Kinder auf meinem Rad um das Dorf herumgefahren hatte.

Jetzt hielten sie eine Überraschung für mich bereit: Sie hatten in der Zwischenzeit aus dem dürftigen Material, das sie finden konnten, eine Art Rad gebaut, das ich den Kindern in meinem Dorf mitbringen sollte. Ich war gerührt von dieser Dankesgeste der Kinder, von denen mir der Abschied schwer fiel.

Auf dem letzten, 5050 Meter hohen Paß, dem Lalung Leh, überraschte mich ein Schneesturm, der mich mitten am Tag ins Zelt zwang. Nachts heulte der Sturm so, daß ich das Zelt festhalten mußte. Plötzlich hörte ich Schritte. Erschreckt sah ich im Schein der Taschenlampe einen Mann stehen, der über und über voll Schnee war und – barfuß. Seine Augen gaben mir zu verstehen, daß er ins Zelt wollte. Selbstverständlich ließ ich ihn herein und zog ihm meine Socken über seine blaugefrorenen Füße. Er war ein Pilger auf dem Weg nach Lhasa. Am Morgen verschwand er mit einem dankbaren »Taschi Dellek«, ohne Gepäck und Proviant. Mir werden diese Menschen hier auf dem Dach der Welt immer ein Rätsel bleiben.

Der alte Pilger, von dem ich die Münze geschenkt bekam. ▶

ZHOU
LAN

Die Kinder, die ich bei meiner Hinfahrt auf meinem Rad um ihr Dorf herumgefahren hatte, begrüßten mich wie einen alten Bekannten.

Dann kam eine der wohl längsten Abfahrten der Welt, vom Lalung Leh durch das Himalaya-Massiv nach Süden ins Tal. Bevor ich den Paß verließ, errichtete ich, einem alten tibetischen Brauch folgend, am Wegrand ein Steinmännchen und steckte ein Gebetsfähnchen darauf, das ich in Lhasa gekauft hatte.

Das Wetter wurde jetzt so schlecht, außerdem war ich mit meiner Kraft so am Ende, daß ich einen Bus bis zur Grenze nahm. In Zhangmu an der Grenze traf ich meine tibetischen Freunde wieder, die mir bei der Einreise geholfen hatten, mein Rad an den Kontrollposten vorbeizutragen, und die damals einfach die Plombe abgeschnitten hatten. Sie erinnerten sich noch gut an mich. Als ich ihnen meine Geschichte erzählte, lachten sie lange – und ein wenig stolz, denn schließlich hatten sie ihren guten, wenn nicht sogar wesentlichen Anteil dazu beigesteuert.

Das letzte Stück des Weges fuhr ich mit diesem Omnibus bis zur Grenze Tibet/Nepal. ▶

Aber noch war ich nicht über der Grenze, und illegal über den reißenden Sun Kosi auszureisen, war unmöglich. Ein Zufall kam mir zu Hilfe. In der Herberge traf ich einen amerikanischen Touristen, der auch nach Lhasa wollte und dem man es selbst mit verplombten Rad nicht mehr gestattete. Nebenbei bemerkte er, daß man an der Grenze auf einen warte, dem man das Rad verplombt hatte, der aber trotzdem gefahren war. Damit konnte nur ich gemeint sein.

Was tun? Ich fragte meine tibetischen Freunde. Sie wußten wieder eine Lösung. Ich ging mit ihnen zum Busfahrer und kaufte ihm Fahrscheine ab, die von der nepalesischen Grenze über Lhasa bis Golmud und zurück galten und – mit dem jeweiligen Datum. Lachend stellte er sie aus, da ich ihm ein gutes Trinkgeld gab.

Dann trat ich den Weg zur Grenze an, das Rad schiebend. Schon kam einer der Zollbeamten, der auch bei der Einreise dagewesen war, auf mich zu und schnarrte, die ganze Zollstation erwarte mich bereits. Unter äußerster Anstrengung blieb ich ruhig und tat ganz verwundert. Doch der Zöllner hatte sich seinen Vers zurechtgelegt. »Warum bist du mit dem Fahrrad gefahren, obwohl wir es dir doch verboten hatten«, schimpfte er, »und wo ist die Plombe?« »Die Plombe ist hier«, antwortete ich und holte sie aus meinem Anorak. »Sie ist ausgerechnet gestern abend beim Abladen des Rades vom Bus abgerissen worden.«

Keiner glaubte mir. Sofort brachten sie mich zum Chef des Zollamtes, der in gutem Englisch ein fürchterliches Donnerwetter auf mich niedergehen ließ. Er zählte alle Stationen auf, an denen ich vorbeigekommen war, wußte auch von der falschen Genehmigung und sogar, daß ich die Polizisten in Golmud betrunken gemacht hatte. Der Mann schimpfte sich in helle Wut hinein und rief schließlich, er müsse mich wegen verschiedener Vergehen festnehmen. Als er mit seiner Schimpfkanonade am Ende war, hatte ich den Nerv zu sagen, daß eine Verwechslung vorliege. »Nein, du bist uns genau beschrieben worden«, rief der Beamte. Da hielt ich ihm meine Busfahrscheine unter die Nase und beteuerte dem mit hochrotem Kopf dastehenden Zöllner, diese ganze Strecke mit dem Bus gefahren zu sein. »Mein Rad habe ich auf dem Dach der Busse transportiert«. Dies bezeugten zwei »zufällig« vor dem Fenster stehende Tibeter (in Wirklichkeit meine Freunde).

Der Oberzöllner wurde allmählich unsicher. Er hielt die Tickets gegen das Licht, kontrollierte die Daten anhand eines Kalenders und verschwand mit noch ein paar seiner Kollegen. Ich wartete. Erst nach einer Stunde kam er wieder. Er wollte es nicht begreifen. Er war sich seiner Sache so sicher gewesen und hatte vermutlich schon mit einer Belobigung für seine Erfolgsmeldung gerechnet, endlich einen der Missetäter erwischt zu haben. Und jetzt legte dieser Kerl ihm echte Busfahrkarten vor, und »Zeugen« bestätigten sogar, daß sie das Rad vom Bus abgeladen hatten, wobei die Plombe abgerissen sei!

So ganz ohne Strafe wollte er mich allerdings nicht ziehen lassen. Weil die Plombe zerrissen war, mußte ich zehn US-Dollar in die volkschinesische Kasse einzahlen. Dann endlich durfte ich gehen. Die Zöllner schüttelten ihre Köpfe, während mich meine zwei tibetischen Freunde und noch einige, die alles mitgehört hatten, bis zu der Brücke mit dem sinnigen Namen »Freundschaftsbrücke« begleiteten. »Taschi Dellek« riefen sie und lachten verschmitzt, schüttelten mir die Hände und winkten mir noch lange nach.

Ohne Pause fuhr ich am nächsten Tag bis Kathmandu. Ich suchte meinen Freund auf, der

Neugierige Kinderaugen verfolgten meine Verhandlungen mit den Grenzern.

mir bei den Vorbereitungen geholfen hatte. Er kannte meine Geschichte bereits, denn wie ein Lauffeuer hatte sich unter den Trägern und Kulis herumgesprochen, daß da ein Europäer sich sozusagen selbst durch Tibet geschmuggelt und die Chinesen hinters Licht geführt hatte. Dies freute sie natürlich am meisten. Dann wurde ich ins Fernsehstudio eingeladen, denn es wurde bestätigt, daß ich die erste Alleindurchquerung Tibets mit dem Fahrrad geschafft hatte.

Nun, deswegen war ich nicht unterwegs gewesen. Ich halte es immer mit dem Sprichwort: »Wer sein Haus verläßt, der wandelt auf Gottes Pfaden. Und wer reist, um etwas Neues zu entdecken, dem zeigt Gott das Paradies.«

»Taschi Dellek, Grog-Po Kyerang Jalggyur Gapo Jö« – »Glück und Segen, Freund, ich freue mich auf ein Wiedersehen«.

Mein Lebenslauf

»Schorsch« Kirner

So außergewöhnlich, wie mein Leben begann, ist es auch bis zum heutigen Tag geblieben.

Als ich im kalten Februar 1936, eingewickelt in eine Pferdedecke, auf einem Pferdeschlitten zur Taufe in den nächsten größeren Ort, nach Bayrischzell, gebracht werden sollte, fiel ich vom Schlitten in den Schnee. Als das erst sehr viel später bemerkt wurde, fand man den kleinen Kerl halb erfroren dann neben dem Feldweg.

Vom Pfarrer wurde mir dann auch noch die Taufe verweigert, da meine Eltern damals noch nicht verheiratet waren.

Mein Vater war ein wegen seines Humors überall beliebter Bauernknecht, meine Mutter Magd. Die frühe Kindheit verbrachte ich bei verschiedenen Pflegeeltern, bis dann meine Eltern endlich in einer ehemaligen Getreidekammer einen Raum für ein gemeinsames Zusammenleben fanden.

Im Lauf der nächsten Jahre wuchs die Familie auf drei Kinder an. Als dann mein Vater krank von Rußland zurückkam, konnte er die schwere Bauernarbeit nicht mehr verrichten. So verlegte er sich aufs Besenbinden. Der Preis der Besen richtete sich nach dem Bierpreis – 1 Maß Bier war 1 Besen. Unter diesen Umständen war bald ein Esser zu viel, und man schickte den kleinen, blonden, aufgeweckten und immer neugierigen Schorschi zur Großmutter auf die Alm, wo sie als Sennerin arbeitete. Ich hatte damals nur sieben Jahre Volksschule, lernte aber auf der Alm dafür die Liebe zu den Tieren und zur Natur. Mit dem Verkauf von Alpenblumen an die vorbeikommenden Fremden verdiente ich mir ein paar Mark. Ansonsten hatte ich nichts als eine Lederhose, ein Hemd, ein Paar Schuhe, Socken und einen Hut. Von Mai bis Oktober lief ich bei jedem Wetter barfuß über weite Strecken, wenn ich verirrte Kälber suchen mußte.

Dort oben begann dann auch meine Neugierde nach der großen, weiten Welt – was wird wohl hinter den großen Bergen sein? So stieg ich auf die Gipfel der umliegenden Berge und sah, daß dahinter noch höhere Berge waren, die auch im Sommer mit Schnee und Eis bedeckt waren. Hier oben reifte mein Entschluß, die weite Welt zu entdecken.

Als Hilfsarbeiter am Bau und dann als Lastwagenfahrer verdiente ich mir etwas Geld, das ich eisern sparte. Als ich dann 250,– DM zusammen hatte, lieh ich mir vom Vater das Fahrrad und machte mich damit auf den Weg.

Über Italien und Sizilien ging es per Schiff nach Tripolis – das Geld für die Überfahrt arbeitete ich am Schiff ab – und strampelte dann weiter auf der nordafrikanischen Küstenstraße bis Kairo. Dort wurde mir das Rad gestohlen. Ich gab aber nicht auf, sondern kaufte mir ein billiges Kamel und zog damit durch Sinai bis zum St. Katharinen-Kloster. Durch alle möglichen Arbeiten verdiente ich mir mein Geld für die Heimfahrt.

Dies war der Anfang. Heute gelte ich als einer der verwegensten Abenteurer Deutschlands und wurde 1986 zum Abenteurer des Jahres gewählt. In der Arktis wurde ein Berg nach mir benannt, der Kirner-Spids, und in vielen Zeitungsartikeln, Radio- und Fernsehsendungen, Büchern und Vorträgen erzähle ich von meinen außergewöhnlichen Reisen, die ich fast immer allein unternehme.

Daß ich inzwischen sogar schon über 20 Jahre verheiratet bin und es auch beruflich zu etwas gebracht habe – ich bin heute Fachmann für Zoll und Außenwirtschaft in einer großen Firma – sei am Rande bemerkt.

Meine Freunde urteilen über mich folgendermaßen: Er hat die souveräne Selbstherrlichkeit eines unerziehbaren Dackels, der zwar mit treu ergebenem Hundeblick, jedoch unnachgiebig sein eigenes Leben führt und von dannen geht, wann und wie es ihm beliebt. Außerdem ist er ein charmanter Egoist, dem man manche Fehler gerne nachsieht ...

Bildnachweis:
Alle Fotos aus dem Archiv des Verfassers

Bücher von A. E. Johann einem der größten Abenteurer dieses Jahrhunderts

Canadas Nordroute
Die ganze Breite von Meer zu Meer. 1990
382 Seiten mit 20 Karten. Gebunden
Langen Müller

Die Erde – wie ich sie noch sah. 1990
332 Seiten. Gebunden
Langen Müller

Dies wilde Jahrhundert. 1989
350 Seiten. Efalin
Langen Müller

»Du kannst dir nicht entfliehen«
Meine erste Begegnung in der Ferne
288 Seiten. Efalin
Herbig

Sehnsucht nach der Dobrinka
Familiensaga aus Westpreußen
404 Seiten. Efalin
Langen Müller

Südwest. Ein afrikanischer Traum
Roman. 527 Seiten. Efalin
Herbig

Die Wildnis aber schweigt: Roman.
494 Seiten. Efalin
Herbig

Ein bestürzend schönes Panorama der »Gesichter der Erde«, ihrer großen Biotope: Ströme, Meere, Wüsten, Berge und Wälder. Es weckt die Liebe der Menschen zu ihrem heimatlichen Planeten und empfiehlt ihnen seine pflegliche Behandlung.

Welcher Autor wäre geeigneter, ein Buch über die Schönheiten der Erde zu schreiben als A. E. Johann, einer der erfolgreichsten Reiseschriftsteller unserer Tage?

Die Erde – wie ich sie noch sah
332 Seiten. Gebunden. Langen Müller

Xinjiang
Kara Muran Dawan La
5578
Kara Tash Dawan
CHONG MUZ TAGH
8920
Lighten Tso
4898
Lanak La
5486
Jiggitai Tso
Charol Tso
4724
Kashum Tso
4960
Dogai Tso
C H A N G T A N
TIBET
Rudog
ALING KANGRI
7315
Shigong
Sengge Tsangpo
Gegyai
Gar
Gerze
Kailas
Tashi Bhup Tso
Gartok
7210
5425
Lam La
Sumge
4755
Ngangla Tso
Bog Tsangpo
Selin
N G A R I
KAILAS
6714
Lang Bu Tso
Kangri
Lake Rakas
Mansarowar Lake
Coqen
Kyaring Tso
Baing
Kagmar
Tangra Tso
5453
Lekh La
Burang
Paryang
NYENCHE
Shoru Tso
M
Matsang
Tradum
Nyench
Brahmaputra
Saga
Raga
(Brahmaputra)
Shigatse
6645
Pindu
Sangsang
Tsangpo
Lhatse
Nyang
DHAULAGIRI
8221
A
ANNAPURNA
8078
T S A N G
Sakya
NEPAL
Tingri
Nyalam
L
EVEREST
8848
A
Kodari
KATHMANDU
KANGCHENJUNGA
8585
Yadong
Gangtok
Darjeeling
B
INDIA
Siliguri